小学生のための

文章を正しく読む力

を育てる本

ゆりか

すばる舎

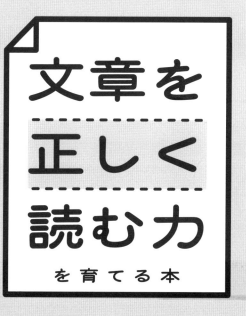

はじめに

「正しく読む力」を身につければ、成績は確実に伸びます！

長年、国語の指導をしてきて実感していることがあります。

それは、「文章を正しく読む力」が国語の成績を伸ばすうえで絶対に欠かせないということです。

「正しく読む」ことなどカンタンにできそうに思えます。

でも、次のようなケースがよく見られます。

- **フィーリングに頼った、感覚的な読み方をしている**
- **ディテールを拾わず、自分がイメージしたことに勝手に当てはめて読む**
- **内容がわかっておらず、「何がどうしたの？」という問いに答えられない**

一見すらすら読んでいるようにみえても、内容はよくわかっておらず、曖昧な読み方をしていることが多いのです。

私の国語塾に入塾する生徒さんにはまず、文章を正しく読む力をつけるためのトレーニングを行います。フィーリングに頼って読むクセをつけないようにするためです。

小学4年で入塾してきた時点で、読書経験を積んでいないお子さんも少なくありません。

でも、**ひとたび文章の正しい読み方のコツが身につくと読む楽しさを知り、没入して文章を読むようになります。** やがて好きな本ができたり、多読するようになったりして、国語の成績も上がってきます。それほど勉強をしなくてもカンタンに良い点数を取れるようになり、国語が得意になることも珍しくありません。

本書で特にお伝えしたいこと――。**それは文章を正しく読む力をつけることが、国語の学習の出**

発点になるということです。文章を雑に読み、内容がよくわからないままドリルを解き続けても、国語の成績は上がりません。

まずは、正しく読む力をつけること、これを最優先にしてください。この力は中学入試においても重要です。中学入試では、文章を正しくスピーディーに読む力が問われます。文章さえ正しく読めれば、多くの読解問題に答えられるようになります。

また、後ほど説明しますが正しく読む力は、書く力にも直結します。その意味でも、正しく読む力をつける意義は大きいのです。

文章を正しく読んでいないお子さんは多い

ところで、お子さんが文章をどの程度正しく読んでいるか、ご存知ですか？

毎年、私は入塾してくる4年生の生徒の読む力を確認しています。チェックするポイントを挙げてみましょう。

- □**文章を一字一句、飛ばさずに読めているか？**
- □**言葉の係り受けを意識しているか？**
- □**「語句のまとまり」をつかんでいるか？**
- □**「それ」「この」などが指す内容がわかっているか？**
- □**主観を交えて解釈するなど、我流で読むクセがついていないか？**

残念ながら正確に読めるお子さんはごく少数です。答案を見ると、本文に書かれていないことを答える、指示語の内容を取り違える、言葉を変なところで区切るなど、**読めていない「証拠」がごろごろしています。**

こうした**我流の読みグセは、できるだけ早い段階で修正しましょう。**本書で紹介する、文章を正しく読むスキルをぜひ身につけてください。

限られた時間内で文章を正しく読めるようになり、読解問題を解く力も伸びていきます。

読解力がつき、ずっと国語が得意になります！

まずは文章を正確に読むこと――。これが国語の成績を伸ばす出発点です。正しく読めれば、著者の考えや主題を的確にとらえるという次のステップに進むことができます。

本書では、子どもがつまずきやすいポイントを押さえながら、**絶対に知っておきたい「正しく読み、理解するためのコツ」**をご紹介していきます。

また、多くのトレーニング問題も掲載しています。お子さんと一緒に取り組める問題も多数ご用意しているので、楽しくおしゃべりしながら答え合わせをしてみてください。

本書の内容は私が長年、中学受験の現場で指導し、**多くのお子さまたちの読む力を鍛え、国語の成績を上げてきた実践的な方法です。**本書がお子さまの成長を応援する一助となれば幸いです。

2025年1月吉日

南雲ゆりか

目次

1章 このキホンで読解力が上がる 正しく読む力で、国語がずっと得意になる！

2章

国語力の土台になる

毎日10分は、本を読もう

3章

押さえておきたいのはココ！

正しく読むための「5つのポイント」

4章

実践！ 精読トレーニング①

「一文」を正しく読む

5章

実践！ 精読トレーニング②

「短い文章」を正しく読む

6章

実践! 精読トレーニング③

「長文」を正しく読む

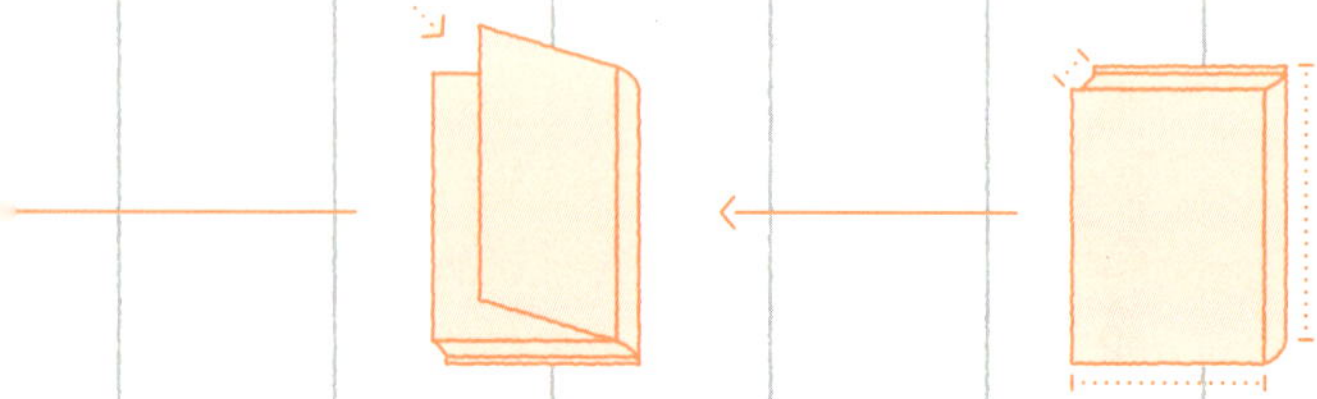

中級編

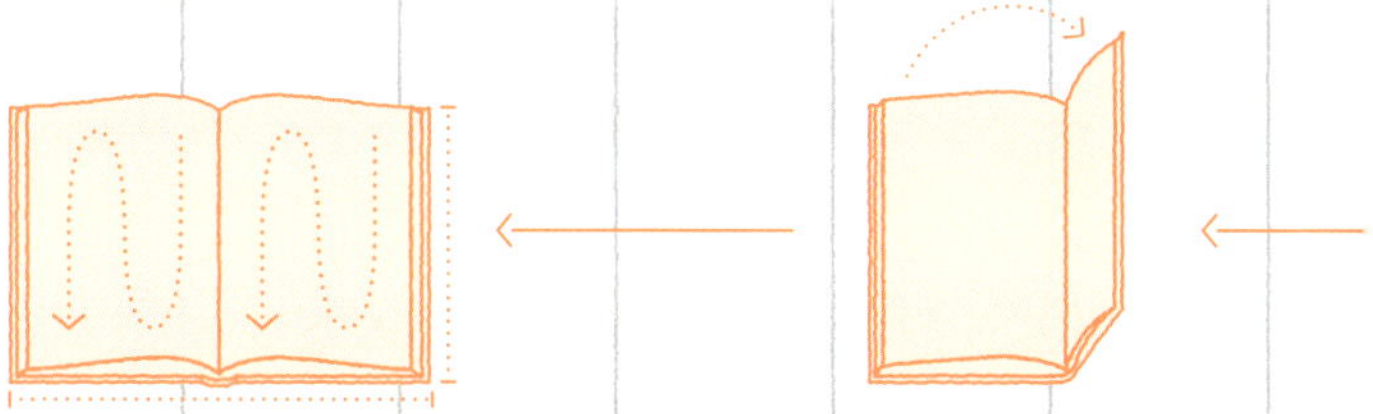

上級編・入試レベル

装丁　奈良岡菜摘
カバー&本文イラスト　りゃんよ
本文デザイン・図版　草田みかん

1章

このキホンで読解力が上がる

正しく読む力で、国語がずっと得意になる！

1 正しく読めないと、必ずつまずく

感覚に頼って読む子が多い

一見、文章をスラスラ読んでいるようでも、実は内容を正しく理解しているとは限らないとお話ししました。

その理由はいくつかありますが、多くの場合、感覚で読んでしまうことから起こります。

感覚で読む行為は、説明文や論説文、物語文、詩といった文種を問わずに起こります。

たとえば、次の三好達治の「チューリップ」という詩について見てみます。

これは4年生の授業で扱いました。

①

蜂の羽音が

チューリップの花に消える

微風《そよかぜ》の中にひっそりと
客を迎《むかえ》へた赤い部屋

この詩の内容がさっぱりわからない、という子はさすがにいません。

でも、「傍線①とは何がどうしたことを表していますか。25字前後で答えなさい。」という設問に対する答えが散々なのです。

誤答例として次のようなものがあります。

×「蜂がチューリップの花の上に止まっていること」
×「蜂がチューリップのみつを吸おうとしていること」

「蜂の羽音が」とあるので「飛んできた蜂が」や「蜂が飛んできて」などと表現する必要があります。それが「チューリップの花に消えた」「客を迎へた赤い部屋」とあるので、花の中に入って蜂そのものが見えなくなっていることを読み取らなければいけません。

ですから**答えは、「飛んできた蜂がチューリップの花の中に入ったこと。」**などとなります。

こうした繊細な表現を読み飛ばして、ただ「蜂がぶんぶん飛んできて花に止まったんでしょ。知ってるよ。みつが欲しいんだよね」と**自分のイメージに引き寄せて、雰囲気で読んでしまうと、書き手の意図を正しく受け取ることができません。**

ディテールを拾わないで、自分が勝手にイメージしたことに当てはめた結果、内容とは異なる理解をしてしまうのです。こんな読み方をしていては、読解力はつきません。

ここでは詩を取りあげましたが、説明文や物語文では文章量も増えますし、内容もさらに複雑になります。**感覚に頼った読み方をしていては、文章全体を正しく理解することはできません。**一刻も早く、正しく読む力をつける必要があるのです。

CHECK

自分勝手なイメージで読んでいると、いつまでも読解力はつかない

2 4年生から差が開きます

教材の素材文を読めない子たち

「字がいっぱいでよくわからなかった」

私の教室でテストを受けた3年生が漏らした感想です。1000字足らず、B4サイズ1枚分にも満たない素材文でしたが、その子にとっては文字の洪水だったのでしょう。問題用紙を見た瞬間に「無理!」と戦意喪失してしまったようでした。

3年生の2月。進学塾では新4年生として、中学入試に向けての学習が始まります。みんなそろってスタートラインに着いた……と言いたいところですが、そうではありません。**すでに国語力に大きな差がついています。**はるか先を走っている子がいる一方で、周回遅れの子がいるのです。

早くから通塾を始めた子が有利なのでしょうか。必ずしもそうではありません。**日々、文章に触れ、読む経験を積んできたかどうかの差です。**

読むことに抵抗のないお子さんがぐんぐんリードを広げていく一方で、読んでこなかったお子さんは、読解問題を解く以前のところでつまずきます。教材の素材文が読めないのです。

できるだけ早い段階で読書を始めて、一定量の文章を読む習慣をつけましょう。

2章では、読書を習慣化するコツを紹介しています。なかなか本を読まないお子さんでも、ちょっとした働きかけや、本の与え方を工夫することで興味をもち、徐々に読むようになります。ぜひ、参考にしていただき、お子さんの読む力を育ててあげてほしいと思います。

CHECK

まずは、素材文をしっかり読める力を養おう

3 こんな「読みグセ」は直しましょう

主観で解釈していませんか?

人並みに国語を勉強しているし、文章もスラスラ読めている。でも成績が振るわない——。

こうしたお子さんは、一見文章をしっかり読んでいるように見えても、次のような読み方をしていることが多いのです。

①言葉の読み落としが多い
②前の内容と結びつけながら読めない
③語彙や知識が足りず、内容が理解できていない
④思い込みで文章の内容を勝手にねじ曲げる

いわゆる正しく読めていない状態です。多くの場合、本人がこうした弱点を自覚しておらず、正確に読めていなくても、「多分こういう意味だろう」と自分の主観で解釈してしまうのです。

「国語は感じ取る教科」だという誤解も手伝ってか、「自分はこう思ったから、答えは多分これだ」というように思い込みで解答してしまいます。

文章の内容を間違って読み取っていることに気づいていないので、

「今日のテストはよくできた！」

と自信満々でいたりします。本人の「手応え」に反して**結果が散々だったときは、このような「読み間違え」と「主観による、当《あ》て勘《かん》解法」に原因があるとみてよいでしょう。**

(問い1)なぜA君は立ち止まったのでしょうか？
なんでだろう……疲れてた？
そうだ!! 疲れてたんだ!! わかったぞ!!

読解問題を解かせるときの注意点

国語の学力をつける方法といえば、まず思い浮かぶのが問題集やドリルを解くことですね。でも、国語の場合は、よくよく気をつける必要があります。

低学年向けの易しすぎる読解問題集を大量にこなしても、「読む力」はさほど伸びません。素材文をきちんと読まなくても答えがわかってしまうからです。

こうした**簡単な問題ばかりやっていると、素材文をしっかり読まずに解くクセがつきます。**国語は「直感とフィーリングで解くものだ」と刷り込まれてしまうのです。これは、本格的な受験勉強が始まってから大きな足かせになります。簡単な読解問題集はやらないほうがよいくらいです。

素材文そのもののレベルが高く、しっかり精査しなければ解けない問題に粘り強く取り組む——、そんな演習をするなら効果は期待できます。ただし、レベルの高い素材文を読むには、やはり「読む力」が必要です。「はじめに読む力ありき」なのです。

CHECK

「当《あ》て勘《かん》」で解釈したり、問題を解いたりするクセを直す

4 音読して「読む力」を調べましょう

◎文章を読んで、読む力を調べよう

「正しく読む力」をつけるために、**順序としては、まず文章をつっかえずに読む力が必要になります。**

この読む力のレベルを確認する方法があります。試しに初見の文章を音読させてみましょう。

次のページで3、4年生と5、6年生向けの文章を掲載しています。

お子さんの学年に合った文章を選んで読んでみましょう。3、4年生の文章は、『月夜とめがね』(小川未明・作)、5、6年生の文章は『いつもの言葉を哲学する』(古田徹也・著)の一部を掲載しています。このとき、朗読のような抑揚はつけずに、淡々とよどみなく読むことを目標にしてください。

〈小学3、4年生向け〉

おだやかな、月《つき》のいい晩《ばん》のことであります。しずかな町《まち》のはずれにおばあさんは住《す》んでいましたが、おばあさんは、ただひとり、窓《まど》の下《した》にすわって、針《はり》しごとをしていました。ランプの火《ひ》が、あたりを平和《へいわ》に照《て》らしていました。おばあさんは、もういい年《とし》でありましたから、目《め》がかすんで、針《はり》のめどによく糸《いと》が通《とお》らないので、ランプの火《ひ》に、いくたびも、すかしてながめたり、また、しわのよった指《ゆび》さきで、ほそい糸《いと》をよったりしていました。

（小川未明『月夜とめがね』より）

「針のめど」「いくたびも」がスムーズに読めるかどうかがポイントです。また、「しわの寄《よ》った」と「ほそい糸を撚《よ》った」はアクセントが異なります。「撚《よ》った」は初めて出合う言葉かもしれないですね。

〈小学5、6年生向け〉

しっくりくる言葉を探し、類似した言葉の間で迷いつつ選び取ることは、それ自体が、思考というものの重要な要素を成している。逆に言えば、語彙《い》が減少し、選択できる言葉の範囲が狭まれば、その分だけ「人を熟考へ誘う力も弱まる」ことになり、限られた語彙《い》のうちに示される限られた世界観や価値観へと人々は流れやすくなる。

（古田徹也『いつもの言葉を哲学する』朝日新聞出版より）

こちらの『いつもの言葉を哲学する』は中学入試をはじめ、複数の高校、大学入試の素材文として出題された本です。小学生にとって難しい言葉が並んでいますが、読みがなに頼らずに読みたいところです。

●こんなふうに読んでいたら注意が必要！

いかがですか。もしも、つっかえつっかえ読んでいるとしたら、文章を読む力がだいぶ足りていないということです。その他にも次のような読み方をしていないでしょうか。

- ・単語のイントネーションがおかしい
- ・語句のまとまりを無視して、変なところで言葉を切ってしまう
- ・助詞（「て・に・を・は」など）を読み飛ばす
- ・改行するところでスムーズに次の行にいけない（飛ばしたり、同じ行を読んだりする）

授業で問題を解く様子を見ていると、いろいろな子がいます。文章を読むのが好きな子は、かぶりつくようにして素材文を読み始めます。そうでない子はプリントに目をやるものの、すぐに文字から目を離してしまいます。読むのがめんどうだ、読みたくない、読んでもわからないという状態では、問題演習どころではありません。日頃から文章をよどみなく読める力を養っていきましょう。

CHECK

「語句」や「意味」のまとまりを意識して読めたら合格

5 「正しく読む力」をつける方法

文章を読み慣れるトレーニングが必要です

国語の問題は、解法テクニックがわかれば解けるようになるだろうと思われるかもしれませんね。もちろん解法の習得も必要です。

でも、そもそも文章を読んで理解できなければ解きようがないのです。**文章を正しく読めないお子さんは素材文を読めないだけでなく、設問文も読み取れません。**こうした状態でいくら解法テクニックを学んでも、生かすことはできません。

一方、文章を「正しく読む力」があるお子さんは、初見の文章でもぐいぐい読んで内容を理解します。設問文も正確に読めますから、解き方さえ教えれば最小限の努力で簡単に良い成績を取ってしまいます。

では、どうしたら正しく読む力をつけることができるのでしょうか。

低学年なら
日常生活で多彩な言葉を使う
お花が色鮮やかで
きれいだね
読書する
中学年以降なら
正しく
インプット
文章を正しく読む力が身につく
飛ばさない
読み
間違えない
フム
フム
じ…
「精読」を身につける

それには、前提として「文章を読み慣れる」というステップが必要です。

●普段から多彩な言葉や文章に触れておく

低学年であれば、日常生活の中で多彩な言葉を使って子どもと対話し、語彙を増やしていきましょう。同時に、日頃から本に親しみ、たくさんの活字に触れる環境を与えてあげることも大切です。

「日常生活の中で多彩な言葉を使う」「本を読む」。
この二つが「正しく読む力」の土台を築きます。

こうして土台ができれば、「正しく読む」ステップへと進むことができます。

そこでは少し難しめの文章をじっくり読むこと——すなわち「精読」がポイントになります。ここでいう「精読」とは、細かいところまでていねいに読むこと。

本書では、この「精読力」を身につけるためのトレーニング問題を3章以降で用意しています。

一つひとつの問題にじっくり取り組み、精読するコツをつかんでください。

●中学年以降のお子さんはこうする

すでに中学年、高学年になっている、あるいは中学受験を控えていて読書する時間が取れないお子さんもいらっしゃると思います。

こうした方は、一刻も早く、3章からご紹介する、文章を正しく読むための**「精読」のコツを習得して、普段から文章を正しく読むことを意識しましょう。**

各章のトレーニング問題は、お子さんだけでなく、ぜひ親御さんも一緒に解いてみてください。解き終わった後は、**なぜその答えになるのか、その理由を理解することが大事です。**

本書では、お子さんへの効果的なアドバイスの仕方も紹介しているのでご活用ください。お子さんとの対話を楽しみながら取り組んでみましょう。

CHECK

日頃から文章を読み、語彙を増やしながら読む力をつけていこう

6 精読で、本をたくさん読むようになる

内容がよくわかるので、楽しくなる

わからない言葉や文を読み飛ばしたり、読み間違えたりしたままでいると、内容をよく理解できないので、文章を読むのが嫌になってしまいます。

お子さんにとっては曇ったガラス越しに文章を読んでいるようなもので、楽しめたものではありません。

このぼやけた部分をクリアにして、すみずみまで読み取るのが精読です。

精読できるようになると、内容がクリアになるので、本を敬遠していた子も「読めるかも！」「楽しそう！」と感じて、本を手に取るようになっていきます。

以前、読書嫌いで、国語が苦手な低学年のお子さんの個別指導を頼まれたことがあります。その

とき行ったのが「精読トレーニング」でした。教材として用意した本は角野栄子さんの『おばけのアッチとくものパンやさん』。「だれが何と言ったの？」「みんなでどうしたのかな？」と対話しながら、内容を確認していきました。

授業後、「続きを読みたかったら本を貸すけれどどうする？」と尋ねたら、「読みたい！」と即答。**本を持ち帰り、毎日張り切ってその本を家族に読み聞かせていたそうです。「おばけのアッチ」シリーズを買いそろえたとのことでした。**

もう一人、ご紹介しましょう。Hくんが最初に私の教室に来たのは４年生の夏期講習のとき。文章をさっぱり読めない、正しい文も書け

ないという状態でした。本人もすごく苦しんでいて、見ていて気の毒になるほどでした。

まずは文章を読み慣れる必要があります。家庭学習として次の二つをお願いしました。**「毎日10分は文章を読む時間を取ること」、「テストの素材文などを保護者の方と一緒に精読すること」**です。

しばらくすると、Hくんが教室で本を読む姿をよく見るようになりました。私の教室には本棚があり、本を自由に読めるようにしています。教室に到着するなりいそいそと本棚を物色し、授業開始までむさぼるように読んでいるのです。

「これはいい兆候だな」と思っていると、やはり答案の内容が良くなってきました。**読む力がアップするのに従って、記述答案も上手に書けるようになっていきました。**通っていた大手塾の先生に「国語は何か特別な勉強をしているのですか？」と尋ねられたそうです。**そんな大躍進を遂げて、その後、第一志望の学校に進学しました。**

精読レッスンはいつ始めても効果がありますが、できれば早いうちに開始して、楽に国語学習ができるようにしてあげたいものです。「国語はそんなに勉強しなくても大丈夫」という境地を目指していきましょう。

CHECK

「毎日10分」の文章を読む習慣が、子どもを伸ばす

7 語彙が増え、「書く力」も伸びます

正しい書き言葉をインプットできる

よく「記述問題が苦手なので、記述のやり方を教えてほしい」という相談を受けます。たしかに記述問題はなかなか丸をもらえません。配点も大きいですから、「書く力を鍛えなければ」と心配になります。

でも、「記述問題だけができない」というケースは稀です。**記述問題云々の前に、そもそも素材文が理解できていないことがほとんどです。**いくら記述解答の書き方を教えても、答えの要素を素材文から探せなければ得点できません。「何でもいいから書いちゃいなさい！」と言いたくなるところですが、読めずして答えが書けるはずがないのです。

困ったことに、設問文そのものが読み取れずに間違えるケースも多いです。

たとえば、記述問題の設問文。「AとBにはどんな違いがありますか。違いが生じた理由にもふれながら答えなさい。ただし、『○○』という言葉も使うこと。」のように長く複雑になりがちです。そうすると設問文の情報が整理しきれなくなります。設問の条件にきっちり合わせて答えられる子は多くありません。

読む力が弱い子は、正しい文を書く力も弱い傾向にあります。記述答案を読めば、その子の読書経験のレベルが透けて見えてきます。

たとえば、「私の将来の夢は、医者になってたくさんの人を助けたいです。」という文の誤りを直すように言ってもきょとんとしている子が結構います。この文の気持ち悪さは「夢は」という主語に対して「助けたいです」が対応していないところにあります。

多くの文章を読んできた子は、瞬時に修正できます。

「私は～助けたいです。」にするか、「私の夢は～助けることです。」にすればいいのですね。

何を言いたいのかよくわからない、意味の通じない文を書く子は、読書嫌いの子であることが多いです。**正しい「書き言葉」のインプットが不十分なのです。**書き言葉に慣れていないので、「食べれたけど、思ってたのとちがかった」など、話し言葉を多用した、だらしない文を書く傾向があります。

難関校として知られる鷗友学園女子中学校は、国語の読解問題をすべて記述形式で出題しています。学校が配布している資料を読むと、「無駄なく整った文章を作るためには、日頃の読書が効果的である」と書かれています。文章は読めなくてもいいから記述だけなんとかしようとしても、無理なのです。

CHECK 書き言葉をインプットすると、記述の精度が上がる

8 読解問題で点を取れる！

読解問題のほとんどは、読む力があれば解ける

私の教室には、中学受験をする子や、国立・私立中学に内部進学する子が通っています。

ときおり、「授業を受けているだけで自然に国語ができるようになった」とうれしいことを言ってくれる子がいます。そういう子は入塾時と比べて、文章の読み方が明らかに変化しています。

ぼんやりと読んでいたのが、「理解してやるぞ！」という意志をもった読み方に変わり、わかることが増えていきます。もやもやとしていたものがクリアになることで、問題を解きやすくなり手応えを感じているのでしょう。

私の方でも、「読めるようになってきたな」と子どもの変化を感じるときがあります。本人に「塾の成績が上がってきたでしょう？」と尋ねると、「うん」とにっこりします。

読解問題は、「この文章にはどんなことが書いてありましたか？」と問うもの。「はい、こう書い

てありました」と示すことができれば点が取れます。最初から素材文に答えが書いてあるようなものです。それを探して引っ張り出してみせるだけです。

スランプから抜け出し、聖光学院に合格！

ときとして大学入試よりも難しいと言われる中学入試問題。それでも、愚直に「読む力」を磨いた子たちは合格していっています。実例をご紹介しましょう。

神奈川県きっての難関校である聖光学院（四谷大塚偏差値70）に進学したSくん。読書好きで語彙力も豊かな彼は、国語は安定した得点源でした。このまま保っていけばどの学校にも対応できると思われました。

ところが、6年生になって調子を崩してしまいます。塾の負担が増え、他教科の勉強にも追われるようになってきたのです。成績の良かった国語の学習時間を削り、他の教科の勉強にあてる作戦に出たのだそうです。その結果、得意なはずの国語もずるずると成績が下がり始め、他教科もうまくいかなくなってしまいました。

何が起きたのでしょうか。国語の答案を見ると、素材文の読み方が粗くなっていて、ぼろぼろと読み落としをしていました。時間に追われ、次々とこなすだけの学習をしているとこういうことが起きます。6年生の2学期によく見られることです。

こんなときに有効なのが「精読トレーニング」（3章以降）です。文章をじっくり丁寧に読んで理解する指導を繰り返しました。

「わあ、ちゃんと読んでなかった」「なんで間違えたんだろう？」と悔しそうな声が上がります。浮き足立って読み方がいい加減になっていたことに自分で気づいたようでした。

丁寧に読もうとすると時間がかかります。かといって速く解こうとするとたくさん間違えてしまいます。やることに追われていると、早く終えることを優先しがちです。

「急いで解いてたくさん間違えるより、解いた答えが合っている方が大事だよ。時間がかかっても正確に読んで解く練習をしていれば、スピードも自ずとついてくるから」

彼は私の言わんとすることを理解してくれました。テストを時間内に解き終えない時期もありましたが、次第に間に合うようになってきました。「速く正確に読んで解く」ことができるようになっていったのです。**国語以外の教科も成績が上がり、入試では全勝の快挙を成し遂げました。**

正しく読む力は、中学入試で役立つのみならず、高校や大学入試においても必須です。むしろ、文章内容がより難しくなり、深い考察を求められる中学入学以降において、ますます必要になると言えます。ぜひ、早い段階でこの力を身につけて、国語の力を盤石なものにしておき、得点源にしていってほしいと思います。

CHECK
正しく読む力は、中学生以降もずっと役立つ！

2章

国語力の土台になる

毎日10分は、本を読もう

1 やはり読書は大切です

文脈に合う漢字を思い浮かべられるか？

「読書をしていても国語ができるようにはならない」

こんな言説を目にしたことはありませんか。これは半分合っていますが、半分は間違っています。

確かに読書経験を積むだけで、成績が一足飛びに良くなるわけではありません。

でも、日々本を読むようになると、文章を読むことへの抵抗が薄れ、当たり前の行為になっていきます。読む速度も上がり、多少長い文章であっても、苦もなく読めるようになります。こうして文章を正しく読むための土台ができるのです。

そもそも小学生は〝日本語初心者〟です。日常生活だけで十分な量の語彙を得ることはできません。**また日本語は「漢字」あってこその言語。耳で聞いた言葉を「漢字」とリンクさせなければ**

ば完全な語彙とはなりません。

「彼にはきっとセイサンがあるんだね」というとき「精算」や「清算」、「生産」でもなく、「成算」が思い浮かばなければいけません。具体的な文脈の中で「目にしておく」経験をしておきたいのです。

◎「書く内容」に読書経験が表れる

また、日頃から文章をたくさん読んでいない子は書き言葉になじんでいないため、記述答案もおかしな日本語で書いてしまいます。**記述答案には、その子の読書経験のレベル、過ごしてきた言語環境がはっきり表れます。**これは、小手先の問題演習や訓練、テクニックでごまかせるものではありません。

いずれ中学入試を受けようと考えているご家庭であればなおのこと、読書経験は必要です。

中学校の先生方はプロですから、記述答案を見れば、その受験生の能力が手に取るようにわかってしまうのです。

中学校側も豊かな読書経験のある子を求めています。たとえば学習院中等科。募集要項に「内容を正確に読み取れるかどうかは、日ごろの読書量によるところが大きい。読書の習慣を身に付けることが、読解力を養う最良の道である。本を読むことで、漢字・語句の知識も増え、知的好奇心・社会的な視野も広がりをみせる。新聞記事を読むことも有効であろう。」と書かれています。

最初は絵の多い本でよい

本を読みたがらない子に読ませるのは骨の折れることです。親も心が折れそうになります。でも、どんなに大変でも四則計算は絶対に学ばせますよね。計算ができなければ算数の問題は解けないからです。同じように、国語の問題も文章が読めなければ解けません。やはり、日頃から一定量の文章を読む習慣をつけてほしいのです。

まずは毎日10分、本を読む時間をもち文章に触れましょう。

最初は絵が多く、文字の少ない本でもかまいません。徐々に文字が多い本を読めるようにしてい

くとよいでしょう。

読書によって、読む力はもちろんのこと、知識や常識も身につけることができます。長い目で考えると、この力はお子さんの一生を支える大事な力となります。

お子さんの感性が豊かな大事な時期に、本を読む習慣が身につくようにご家庭でも工夫してみてください。

CHECK

読書経験は、国語力の基盤！

2 毎日10分、読むことから始めましょう

子どもが興味をもった本を選ぼう

「本を読みなさい」と子どもに勧めても、なかなか読まないお子さんも少なくありません。そんなときにはアニメのノベライズ本でもいいですから、お子さんが少しでも興味をもちそうな本を選ぶとよいでしょう。それでも読まないときはどうすればいいでしょうか?

こんなときは、**最初の数ページでもいいので読み聞かせてあげましょう。** ちょっとでも興味をもてば、子どもは自発的に読み始めるものです。

少なくとも毎日10分は文章を読む時間を取り、読書を日常生活の一部にしてしまいましょう。

読む力をつけるためには、**実年齢よりも上のレベルの本に挑戦することも大事です。** 少しずつ本を読む習慣をつけながら、読む本のレベルを上げていくことをお勧めします。

低学年のうちに読書習慣をつけるのが理想ではありますが、すでにお子さんが中学年以上になっているなら、次のことをお勧めします。

- **子どもが興味をもちそうな本を選ぶ**
- **「小学生向けの新聞」から「好みの記事」を拾い出して一緒に読む**
- **理科や社会の「子ども向けの読み物」を活用する**
- **「オーディオブック」などで名作を聞く**
- **問題集の「素材文」を読む**

あまり本を読まないまま、小学校4年生の後半にさしかかってしまったお子さんにいきなり本を与えてもなかなか手が出ないかもしれません。

そんなときは、毎日10分でもいいので、できるだけ質の良い文章を読む時間をつくってください。

1章でもご紹介した**4年生のHくん（35ページ参照）は家庭学習として毎日10分、文章を読む時間を取ることにしました。**テストや問題集の素材文を保護者の方と一緒にじっくりと精読したのです。1、2週間と続けるうちに、文章を正しく読む力がついていきました。

文章を読むことに対する抵抗感がなくなり、自分から進んで「本を読みたい」と言うようになったそうです。

本書では、読んでおきたい良書を紹介しています。「これから本を読む」「読み慣れてきた」「ワンランク上の本を読みたい」というように、お子さんによっても読書経験には差があると思います。お子さんの状況に応じて、本を選んでみてください。

お子さんが好きそうな本を見つけて、毎日の読書習慣づくりに役立ててください。

CHECK

最初は絵が多い本でもＯＫ。徐々に「文字が多い本」に移行していこう

3 「読み聞かせ」はいくつになっても有効！

○「ひらがなだらけの本」から脱していこう

語彙を増やし、読む力をつけるうえで大事なのが、ひらがなばかりの本から一日も早く卒業することです。できるだけ漢字が使われている文章を読ませましょう。

もちろん、低学年のうちは総ルビ（すべての漢字に読みがながついている）の本を選ぶなど、注意する必要はあります。

実はひらがなだらけの文章は、違和感があり読みづらいもの。適切に漢字を使った文章の方が意味も伝わり、読みやすいはずです。**「漢字は難しい」という先入観を捨てましょう。早くから漢字を目にしておく方が語彙も増えます。**

読み聞かせたり、音声コンテンツを活用したりする

国語が得意な子もそうでない子も読書のスタートは絵本です。ところが、その先はどうでしょうか。放っておいても自分から難しい本へと挑戦していける子もいます。でも、本が嫌い、ちっとも読書をしないという子がたくさんいます。本の内容を理解して「おもしろい！」と思えるところまで到達できない子もいます。

自分から読もうとしないときに、やっていただきたいのが「読み聞かせ」です。幼い頃には読み聞かせをしたけれど、小学校に入ってからはしていないという方も多いのではないでしょうか。読み聞かせというと幼児期に行うものというイメージがありますが、そんなことはありません。**6年生でも読んであげると熱心に聞きます。**

読み聞かせは、子どもの脳の発達に良い影響を与えるという研究結果があります。読み聞かせをしている親自身も、音読効果によって脳の活動が活発になり、パフォーマンスが向上するそうです。

しかも、親のストレスまで軽減するというデータもあります（『最新脳科学でついに出た結論「本

の読み方」で学力は決まる』川島隆太【監修】松﨑泰・榊浩平【著】青春出版社による）。

親も毎日忙しいし疲れていますから、読み聞かせなどはつい後回しになってしまうかもしれないですね。それなら、子どもが布団に入ってから、一緒に寝転がって読んであげるというのはどうでしょうか。

「時間ができたら読んであげよう」などと思っても時間はなかなかできないものです。**寝る前の親子のお楽しみとして習慣化するとよいと思います。**本を読んであげながら親の方が眠ってしまうかもしれませんが、それでもかまいません。続きをお子さんが自分で読んでくれたらしめたものです。

するとそこに少年がやってきて言いました
それは僕のではありません
グリム童話

その他、登校前のひととき、夕食後など、家庭の都合に合わせて時間を決め、習慣にしてしまいましょう。短い時間でかまいません。

同じ本を「もう一度読んで」とせがまれたら、読んであげてください。「またこの本？」と親の方はうんざりしてしまいますが、子どもの読む力を養うにはとてもよいことです。**聞く度に理解が深まったり、発見があったりして何度も聞きたがるのです。これは精読の第一歩です。子どもなりに言葉からイメージを描き出して楽しんでいるのです。**

ときにはオーディオブックなどの音声コンテンツを活用するのもいいですね。親子で一緒に聞けば、お子さんも喜ぶでしょう。朗読を聞いて楽しむだけでも、言葉から場面を想像したり、ストーリーを整理したりする力がつきます。

この力は文字で読む場合にも役立ちます。本を見ながら聴いてもよいですし、聴いた後に本で確認するのもよいでしょう。

子どもが「読む量」を増やしていく

読み聞かせをしながら、**だんだんと子どもが自分で読めるように工夫をしましょう。**

まだ字をスムーズに読めないようであれば、指先で字を指し示しながら読んであげるところから始めます。

そして、**ときどき、親が読んでみせた部分を子どもにリピートさせてみます。**声を合わせて一緒に読む、交互に音読するなどしながら、子ども自身が読む量を増やしていきます。

脚本の読み合わせのように、主人公の会話文を子どもに読ませたりしてもおもしろいですよ。子どもが音読するのを録音して聞いてみるのも楽しいでしょう。よい成長記録になりそうです。

読み聞かせをしながら、わざとおもしろそうなところで、

「今日はここまでね」

と切り上げてしまうのも手です。気になるので続きを自分で読む可能性大です。

こうして**少しずつ自分で読むように仕向けていき、「読み聞かせタイム」を、子ども自身による「音読タイム」や「読書タイム」へとつなげていきます。**

CHECK

一気にではなく「徐々に」、子ども自身が読む量を増やしていこう

4 「文字の多い本」へと誘うコツ

「挿絵が多め」の児童書を読む

小学校2、3年生であれば、文字が中心で挿絵が多めの児童書をお子さんに薦めましょう。

子ども自身が読みたいと思うもの、おもしろいと思えるものでかまいません。**『かいけつゾロリ』**（原ゆたか【作・絵】／ポプラ社）や**『おしりたんてい』**（トロル【作・絵】／ポプラ社）などの娯楽性が高いものでも大丈夫。漫画的な要素がありながら文章もしっかりと書かれているので、読書初心者にはぴったりです。

おもしろそうだから先を知りたい、でも絵だけでは内容がわからないから文を読んでみよう、というように自ずと文章を読むようになります。**図鑑などもいいですね。**興味のあるところを拾い読

みするところから始めましょう。

本を読みたがらない子は、食わず嫌いの状態になっています。「どうせ読んでもわからないし、つまらなそう」と思っているのですね。「読んでみたらおもしろかった」という「報酬」が積み重なれば、新しい本にもチャレンジできるようになります。

「ほとんど文字の本」へシフトする

「文字が中心で挿絵が多めの児童書」が読めるようになったら、「ほとんど文字の本」にシフトしていきましょう。

たとえば、親世代にもおなじみの、**『ぼくは王さま』シリーズ**（寺村輝夫【作】／理論社）や、**『はれときどきぶた』シリーズ**（矢玉四郎【作・絵】／岩崎書店）などを一緒に楽しんではいかがでしょうか。

楽しい絵がたっぷり載っていますが、漢字（読みがな付き）を使ったきちんとした文章で書かれているので勉強になります。

もちろん、名作として定評のある作品にもチャレンジしたいところです。『ごんぎつね』でおなじみの**新美南吉**や『赤い蝋燭《ろうそく》と人魚』で知られる**小川未明**の童話などは、低学年の間に読む機会をつくりたいものです。

少し古い時代の物語文が素材文として登場すると、読むのを諦めてしまう子もいます。読み慣れない表現が多いため、読みづらいと感じるのでしょう。**古典的な童話には含蓄に富んだ、考えさせる話が多くあります。**親子で、考察してみるのもいいと思います。

「海外の作品」も読んでおこう

それから、外国の作品にもぜひふれておきましょう。中学入試で外国の作品が出題される頻度は高くありませんが、経験しておくに越したことはありません。比喩《ひゆ》（たとえ）の表現や会話文、ジョークなど、日本人の感覚とは少し異なる部分があるからです。教養としても、有名な海外児童文学は読んでおきたいものです。

数年前になりますが、授業後に6年生の男の子と雑談していて本の話題になったことがありました。「小さいころに大好きで何回も読んだ本はある？」と尋ねたら「エルマーとりゅう！」と即答しました。語彙が豊富で読解力、コミュニケーション力に優れたお子さんです。

『エルマーのぼうけん』シリーズ（ルース・スタイルス・ガネット【作】／福音館書店）は1950年前後の作品ですが、今の子どもの心にもしっかりと響くものがあります。繰り返し読ま

読む本をレベルアップしていこう!

～読み方の一例～

START →

最初は

「挿絵が多め」の児童書を楽しむ

『かいけつゾロリ』『おしりたんてい』や、図鑑などもお薦め

本を読むことの楽しさを知る

絵を見ながら先を知りたくなる

徐々に

「ほとんど文字の本」を読んでみる

『ぼくは王さま』シリーズ、『はれときどきぶた』シリーズなど

「海外作品」を読んでみる

『エルマーのぼうけん』シリーズなど有名な海外児童文学を読んでみる

「字の小さい、ページの多い本」に挑戦する

・アニメやマンガ、映画のノベライズ作品もお薦め
・児童向け文庫本（講談社の青い鳥文庫、KADOKAWAの角川つばさ文庫など）も読もう

「科学系の本」なども読んで、視野を広げる

※上記はあくまでも一例です。お子さんにとって適切な時期に、良書を読ませてあげてください。

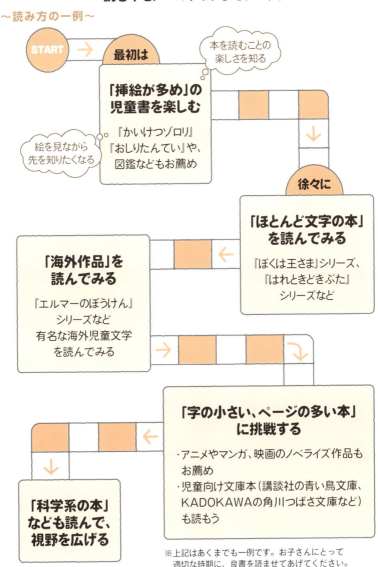

ずにはいられないような魅力が、このような名作にはあるのですね。

「字の小さい、ページの多い本」を読む

絵本から児童書への橋渡しができたら、いよいよ仕上げの段階に入ります。「字の大きな児童書」から、「字の小さい、ページ数の多い本」へと移行していきましょう。

読むことに消極的な子なら、アニメやマンガ、映画のノベライズ作品がお薦めです。漢字表記も増え、語彙のレベルも高くなりますが、映像で見たことがある作品なら苦になりません。映像を思い出しながら、語句を学べます。先に本を読んでから、映像を見るのもいいですね。

ノベライズ作品を読み通すくらいの力がつけば、同じようなサイズの児童向けの文庫本にもチャレンジできるようになってきます。

たとえば、講談社の**青い鳥文庫**、KADOKAWAの**角川つばさ文庫**など、書店に行くと小学生向けの文庫本がずらっと並んでいます。物語だけでなく、ノンフィクション、説明文、伝記、随筆と、ジャンルも多岐に渡ります。

お気に入りの1冊に出会えるよう、さまざまなものに手を出してみましょう。ただ、読んではみたけれど好みに合わなかった、ということもありえますね。**そのときは「最後まで読み通しなさい」**

と強要しないでください。「じゃあ、他のを読んでみれば」と声をかけましょう。図書館を利用すれば、気楽にあれこれ「味見」をすることができますね。とても気に入った本に出会えたら購入する、というやり方もおすすめです。

また、**杓子定規に1ページ目から読み進めなくてもかまいません。**おもしろそうなところから読み始めて気に入れば、最初から読み返したくなるものです。「こう読むべきだ」という理想は押しつけない方がよいでしょう。

「科学系の本」を読む

文学的な本を中心にお話ししてきましたが、科学系の読み物や社会に関する子ども向けの本もたくさん出ています。動物、人体、ＳＤＧｓ、職業、経済、生き方に関するものまで、実にバラエティ豊かです。こうした本も読めるようにしたいものです。

中学入試ではいろんなジャンルに渡って、かなり難しい論説文も出題されるからです。早いうちに、科学や社会に関する本に親しんでいれば、抵抗なく取り組めるようになります。

CHECK

お気に入りの一冊を皮切りに、読むジャンルを広げていこう

初心者向け！

読んでおきたい物語文

読みやすくておもしろい！

『ぼくは王さま』寺村輝夫【作】（理論社）

『みどりいろの童話集』（改訂版 ラング世界童話全集1）ラング【編】川端康成／野上彰【編訳】（偕成社）

『10分で読めるお話4年生』木暮正夫／岡信子【選】（Gakken）

『ふしぎ駄菓子屋 銭天堂』廣嶋玲子【作】（偕成社）

『トレモスのパン屋』小倉明【作】（くもん出版）

『それいけズッコケ三人組』那須正幹【作】前川かずお【絵】（ポプラ社）

『窓ぎわのトットちゃん』黒柳徹子【著】（講談社）

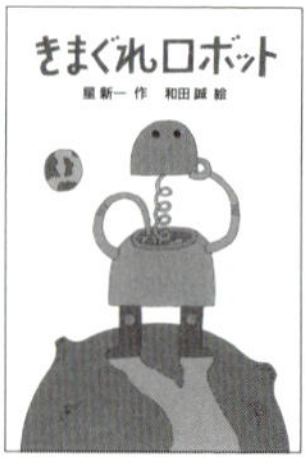

『きまぐれロボット』星新一【作】（理論社）

『チームふたり』吉野万理子【作】（Gakken）

初心者向け！

読んでおきたい説明文・随筆文

『知ってびっくり！漢字はじまり物語』汐見稔幸【監修】（Ｇａｋｋｅｎ）

『なぜ？どうして？科学のお話3年生』大山光晴【監修】（Ｇａｋｋｅｎ）

知れば興味がわく！

『読む 知る 話す ほんとうにあったお話3年生』笠原良郎／浅川陽子【監修】（講談社）

『川は生きている』富山和子【作】（講談社）

『道は生きている』富山和子【作】（講談社）

『お米は生きている』富山和子【作】（講談社）

『地球の声に耳をすませて』大木聖子【著】（くもん出版）

『子どもに伝えたい 春・夏・秋・冬 和の行事を楽しむ絵本』三浦康子【著】（永岡書店）

『今泉先生のゆかいな動物日記』今泉忠明【作】（ＫＡＤＯＫＡＷＡ）

『5分間のサバイバル 科学クイズにちょうせん！ 3年生』韓賢東【マンガ】／チーム・ガリレオ【文】（朝日新聞出版）

中級者向け！
読んでおきたい物語文

『言葉屋　言箱と言珠のひみつ』
久米絵美里【作】（朝日学生新聞社）

『科学探偵 vs. 学校の七不思議』
佐東みどり【著】／石川北二【著】
／木滝りま【著】／田中智章【著】
（朝日新聞出版）

夢中で読める

『夏のカルテット』
眞島めいり【作】
（PHP研究所）

『ぼくたちのリアル』
戸森しるこ【著】（講談社）

『ごんぎつね　新美南吉傑作選
（新装版）』新美南吉【作】
（講談社）

『大造じいさんとガン』
椋鳩十【作】（偕成社）

『クマのあたりまえ』
魚住直子【著】（ポプラ社）

『ロバのサイン会』
吉野万里子【著】（光文社）

『くもの糸・杜子春（新装版）
芥川龍之介短編集』
芥川龍之介【著】（講談社）

中級者向け！読んでおきたい説明文・随筆文・詩と鑑賞文

視野が広がる

『珍獣ドクターのドタバタ診察日記』田向健一【著】（ポプラ社）

『ねないこはわたし』せなけいこ【著】（文藝春秋）

『さかなクンの一魚一会
～まいにち夢中な人生！～』
さかなクン【著】（講談社）

『ぼくは恐竜探検家！』
小林快次【著】（講談社）

『中野信子のこどもアート脳科学
「わからない」を楽しむ
高IQ脳のそだて方』
中野信子【著】（フレーベル館）

『未来をつくるあなたへ』
中満泉【著】（岩波書店）

『深すぎてヤバい　宇宙の図鑑』
本間希樹【著】（講談社）

『14歳からの宇宙論』
佐藤勝彦【著】（河出書房新社）

『詩の世界』高田敏子【著】
（ポプラ社）

『日本語を味わう名詩入門2
金子みすゞ』矢崎節夫・萩原昌好
【編】（あすなろ書房）

中学入試でおなじみの本！

読んでおきたい説明文・随筆文

深くて
心に残る

『小学五年生』重松清【作】（文藝春秋）文春文庫

『さくらいろの季節』蒼沼洋人【著】／友風子【絵】（ポプラ社）

『クラスメイツ〈前期〉』森絵都【著】（KADOKAWA）角川文庫

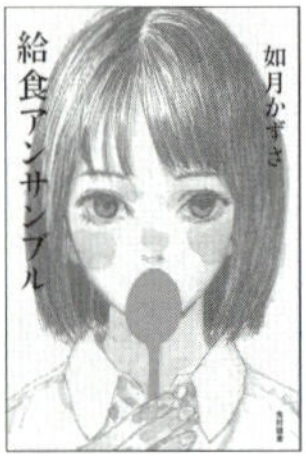

『給食アンサンブル』如月かずさ【作】（光村図書出版）

『キャプテンマークと銭湯と』佐藤いつ子【作】（KADOKAWA）

『あずかりやさん』大山淳子【著】（ポプラ社）

『大きくなる日』佐川光晴【著】（集英社）集英社文庫

『きみの話を聞かせてくれよ』村上雅郁【作】（フレーベル館）

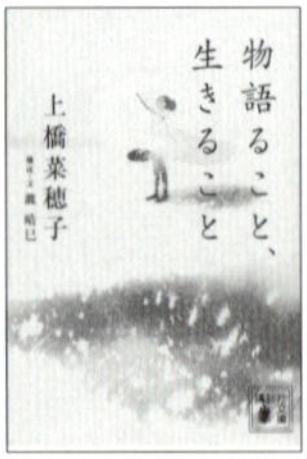

『物語ること、生きること』上橋菜穂子【著】瀧晴巳【構成・文】（講談社）

『植物のいのち　からだを守り、子孫につなぐ驚きのしくみ』田中修【著】（中央公論新社）

5 おすすめ本、50冊の紹介

○子どもが読みたくなる本を選ぼう

中学年以降、読んでおきたい本を紹介していきます。初級者向け、中級者向けといったように、レベル別に紹介するので、お子さんに合った本を選んでみてください。

読みやすくて、おもしろい！
初級者向け

物語文

『ぼくは王さま』 寺村輝夫【作】（理論社）

1959年に刊行され、祖父母の代から親しまれている「王さまシリーズ」。わがままながら、子どもみたいでかわいい王さまのキャラクターに親しみを覚えます。

『みどりいろの童話集』『ばらいろの童話集』など（改訂版ラング世界童話全集1～12）
ラング【編】・川端康成／野上彰【編訳】（偕成社）

イギリスの古典学者、民俗学者のラングが諸国から収集した物語を編集した童話集。格調高い文章により、童話の世界観が一層美しく感じられます。お話の一つひとつは短いので集中して読めます。

『泣いた赤おに』 浜田廣介【作】

心にしみる短編童話集。今の言葉づかいと少し異なるところもありますが、かなりやさしい文体なので楽しめます。

『10分で読める名作三年生』『10分で読めるお話4年生』などのシリーズ
木暮正夫／岡信子【選】（Gakken）

いろいろな作家による話を集めた短編集。まずはおもしろそうな一話を探して読み通してみましょう。この他にもGakkenの「よみとく10分」シリーズには、伝記や科学的な読み物なども ありお薦めです。

『ふしぎ駄菓子屋　銭天堂』　廣島玲子【作】（偕成社）

大人気の『銭天堂』シリーズ。結末はどうなるのか、わくわくしながらあっという間に読めます。文体は易しいですが漢字もしっかり使われていて、語彙も増やせます。

『トレモスのパン屋』　小倉明【作】（くもん出版）

おいしそうなパンをモチーフに、人の心の深い部分に迫った傑作。悪意のある人物は出てこないのに哀感のある物語です。

『それいけズッコケ三人組』など『ズッコケ三人組』シリーズ
那須正幹【作】／前川かずお【絵】（ポプラ社）

親世代にもおなじみのシリーズ。心情描写もていねいで、スリルを味わいながら読解力を鍛えられます。

『窓ぎわのトットちゃん』 **黒柳徹子【著】（講談社）**

子どもの目線で見たこと、感じたことを生き生きと描いた傑作。わかりやすい語り口で、読むのが苦手な子でも楽しめます。

『きまぐれロボット』 **星新一【作】（理論社）**

ＳＦのショートショート。画期的な発明品が思いがけない結果を招きます。一文一文が短く、歯切れがよいので読書初心者の子でも大丈夫です。

『チームふたり』など『チーム』シリーズ **吉野万理子【作】（Ｇａｋｋｅｎ）**

小学校の卓球部を舞台にした、成長や友情を描いた物語。青少年読書感想文全国コンクールの課題図書にもなりました。著者も中高時代、卓球部だったそうです。

説明文・随筆文

『知ってびっくり！ 漢字はじまり物語』 汐見稔幸【監修】（Gakken）

漢字の成り立ちなどを説明した50の話。漢字のおもしろさにふれられる本です。

『なぜ？ どうして？ 科学のお話3年生』 大山光晴【監修】（Gakken）

食べ物、人体、宇宙など内容は多岐に渡ります。興味のあるところから読んでみましょう。

『読む　知る　話す　ほんとうにあったお話3年生』

笠原良郎／浅川陽子【監修】（講談社）

ノンフィクションの短編集。冒険家の話からカレーの話までテーマはバラエティに富んでいます。
社会科や理科への関心も高まると思います。

『川は生きている』『道は生きている』『お米は生きている』など

富山和子【作】（講談社青い鳥文庫）

ずっと読み継がれている、子ども向け説明文の最高傑作のひとつ。図や写真なども豊富で、知的好奇心を刺激してくれます。

『地球の声に耳をすませて』 大木聖子【著】（くもん出版）

地球の内部構造を、実際に探検するように描いているところなどわくわくします。地震のメカニズム、緊急地震速報などについて、わかりやすく説明しています。

『子どもに伝えたい　春・夏・秋・冬　和の行事を楽しむ絵本』

三浦康子【著】（永岡書店）

かわいらしいイラストとともに、日本の伝統的な風習や行事を説明した本。絵本ですが、親向けの説明部分を読むとよい勉強になります。

『今泉先生のゆかいな動物日記』 今泉忠明【作】（KADOKAWA）

大人気の『ざんねんないきもの事典』の著者によるエッセイ。ちょっと怖くて笑える苦労話など、楽しく読めます。

『5分間のサバイバル　科学クイズにちょうせん！　3年生』

韓賢東【マンガ】／チーム・ガリレオ【文】（朝日新聞出版）
クイズ形式で、人体や生き物などについてのなぞを解き明かす本。タイトルの通り、1話5分くらいで読めます。図やイラストもたくさん載っています。

視野がグンと広がる！
中級者向け

物語文

『言葉屋　言箱と言珠のひみつ』など「言葉屋」シリーズ　久米絵美里【作】（朝日学生新聞社）
朝日小学生新聞の連載小説から始まったシリーズ。「言葉」をモチーフにしている作品であり、よく磨かれた美しい表現が魅力的です。

『科学探偵vs.学校の七不思議』など『科学探偵謎野真実シリーズ』
佐東みどり【著】／石川北二【著】／木滝りま【著】／田中智章【著】（朝日新聞出版）

読書があまり好きではない小学生にも大人気のシリーズです。謎野真実というIQ200の6年生が科学を武器に謎を解明していきます。

『夏のカルテット』　眞島めいり【作】（PHP研究所）

中学1年生の友情を描いた物語。イラストも多めで小学生にも読みやすい本です。海城中、筑波大附属中などで出題されました。

『ぼくたちのリアル』　戸森しるこ【著】（講談社）

2017年の「青少年読書感想文全国コンクール」の課題図書。ほんの少しLGBTの要素もあります。近年、そうしたテーマの物語も目にしますので、一読しておくとよいでしょう。

『ごんぎつね　新美南吉傑作選（新装版）』　新美南吉【著】（講談社）

「おじいさんのランプ」「牛をつないだ椿の木」などの名作短編集。ぜひ読んでおきたい古典的児童文学です。今でも入試に出ることがあります。

『大造じいさんとガン』 椋鳩十【作】(偕成社)

動物の立派な行動や生き様を描くことで、人のあり方を考えさせる童話集。昔の作品を読みづらいと感じる子も多いですが、こうした作品で慣れておきましょう。

『クマのあたりまえ』 魚住直子【著】(ポプラ社)

動物を主人公にした短編集。児童文学ながら、生きることについて深く考えさせる内容です。桜蔭中の入試でも扱われました。

『ロバのサイン会』 吉野万里子【著】(光文社)

動物を主人公とする短編8話から成ります。動物の視点からの生き方や人間のあり方が描かれます。麻布中で出題されました。

『くもの糸・杜子春(新装版)——芥川龍之介短編集——』 芥川龍之介【著】(講談社)

「魔術」「トロッコ」「鼻」など有名な作品が収められた短編集。少し怖くて独特の雰囲気のある芥川作品は4年生にも人気があります。

説明文・随筆文・詩と鑑賞文

『珍獣ドクターのドタバタ診察日記』 田向健一【著】（ポプラ社）

「ひと目見てカエルの顔色が悪いと感じとることができる」という獣医師が、小学生向けに書いた本。生き物が大好きだったという子ども時代の話など、写真とともに楽しめます。

『ねないこはわたし』 せな けいこ【著】（文藝春秋）

『ねないこだれだ』『えーんえん！』などでおなじみの作者によるエッセイ。おなじみのかわいい貼り絵がたっぷり載っていて、親子で楽しめます。

『さかなクンの一魚一会〜まいにち夢中な人生！〜』 さかなクン【著】（講談社）

子どものころから海の生き物が大好きだったさかなクンのユニークでびっくりするようなエピソードが満載です。親も、子育てについて考えさせられる本です。

『ぼくは恐竜探検家！』 小林快次【著】（講談社）

世界的な恐竜学者によるエッセイ。子ども時代から恐竜学者になるまでの道のりや発掘のエピソードなど、読んでいるうちに恐竜に興味がわいてきます。

『中野信子のこどもアート脳科学「わからない」を楽しむ高IQ脳のそだて方』 中野信子【著】（フレーベル館）

「美しい」と感じる心や「想像力」などについて論じた本。カラーのイラストや図がたくさん載っていて、わかりやすいです。論説文の入門にぴったりです。

『未来をつくるあなたへ』 中満泉【著】（岩波書店）

国際連合事務次長の筆者が「毎日小学生新聞」に連載していた記事をもとにした本。軍縮、ジェンダーなどグローバルな問題について、わかりやすく語っています。

『深すぎてヤバい　宇宙の図鑑』 本間希樹【著】（講談社）

宇宙に関する疑問61項目をそれぞれ2ページで説明した本。専門家による本格的な内容ですが、カラフルでイラストがかわいく、ふりがなもついています。

『14歳からの宇宙論』　佐藤勝彦【著】（河出書房新社）

インフレーション理論で世界的に知られる宇宙物理学者による本。「ビッグバン」「相対性理論」などについて、わかりやすく説明しています。

『詩の世界』　高田敏子【著】（ポプラ社）

詩人である著者が、格調高い語り口で詩の読み方を解説した本。中学受験をするなら必読の1冊。現在、入手しづらいようなので、図書館などの蔵書で読むとよいでしょう。

『日本語を味わう名詩入門2　金子みすゞ』など『日本語を味わう名詩入門シリーズ』

矢崎節夫・萩原昌好【編】（あすなろ書房）

詩集としても楽しめますが、解説もついているので詩の読解学習になります。

中学年でもチャレンジできる!

中学入試でおなじみの本

物語文・随筆文・詩と鑑賞文

『小学五年生』　重松清【作】（文藝春秋）

短編集。過去に多くの学校で出題されました。「バスに乗って」は特によく入試に出ています。転校によって別れてしまった親友との絆を描いた「南小、フォーエバー」や「友だちの友だち」もぜひ読んでおきたい作品。

『さくらいろの季節』　蒼沼洋人【著】／友風子【絵】（ポプラ社）

6年生女子が主人公。高学年女子ならではの悩みや友情を描いた物語。多くの学校で取り上げられました。

『クラスメイツ〈前期〉』　森絵都【著】（KADOKAWA）

中学1年のあるクラスの生徒24名それぞれが主人公になる連作短編集。学習院女子中、海城中などたくさんの学校で出題されています。

『給食アンサンブル』『給食アンサンブル2』 如月かずさ【作】(光村図書出版)

給食をモチーフに、中学生の悩みや友情を描いた連作短編集。悪意のある登場人物はおらず、安心して読めます。

『キャプテンマークと銭湯と』 佐藤いつ子【作】(KADOKAWA)

クラブチームでサッカーに打ち込む中学生が主人公。キャプテンを外された辛さを乗り越える舞台として銭湯が描かれるのが新鮮です。

『あずかりやさん』 大山淳子【著】(ポプラ社)

麻布中など多くの学校で出題。一日百円で預けた「物」をめぐる、不思議で心温まる話が展開されます。

『大きくなる日』 佐川光晴【著】(集英社文庫)(集英社)

成長を描いた短編集。武蔵中などたくさんの学校で出題されています。

『きみの話を聞かせてくれよ』　村上雅郁【作】（フレーベル館）

2024年度の中学入試で多数出題されました。中学生を主人公にした連作短編集。読みがなが細かく振ってあるので中学年でも読めます。登場人物のキャラクターが際立っていて、会話文にもリアリティーがあり、ぐんぐん読めます。

説明文・随筆文

『物語ること、生きること』　上橋菜穂子【著】／瀧晴巳【構成・文】（講談社）

『精霊の守人』などの人気作品で知られる著者によるエッセイ。桜蔭中や雙葉中をはじめとする有名中学で多数出題されています。中学受験生必読の1冊です。

『植物のいのち　からだを守り、子孫につなぐ驚きのしくみ』　田中修【著】（中央公論新社）

著者の本は入試でよく出題されます。食虫植物は光合成ができるのになぜ虫を食べるのか、植物とタネのどちらが先に生まれたのかなど、興味深い内容が満載。まずはおもしろそうなところからチャレンジしてみましょう。

6 こんな会話で、語彙が増えます

ちょっと難しい表現を盛り込んで、話してみよう

本を読むうえで欠かせないのが語彙力です。語彙が多ければ少し格上の本にチャレンジできます。そうした本からさらに新しい語彙を吸収して、より上のランクの本が読めるようになる、という好循環が生まれます。

子どもの語彙力は、読書のみならず、家庭内の日常的な会話で自然に身についていきます。

子どもが幼い頃は、簡単な言い回しで話しかけてきたと思います。これからは、**大人が使うような語句を積極的に交えて対話をしてみてください。** 子どもは、初めて聞く言葉でも、話の流れや状況から意味を推測します。案外理解できるのです。もし、「どういう意味？」と尋ねてきたら、丁寧に教えてあげてください。

私は授業で語彙のチェックをしますが、ときどき抜群に語彙の豊富な子がいます。「どうしてこ

んなに言葉を知っているの？」と尋ねると、「何となく聞いたことがある」と答えます。**ドリルなどで暗記しているわけではなく、家庭内の日常的な会話で自然に身につけているようです。**

4年生の慣用句の学習で「話の腰を折る」が出てきたとき、「あ、これお母さんによく言われる！」と発言した子もいました。「人の話の腰を折るんじゃありません」と叱られるのでしょう。「邪魔しないで」と言うより、よほど教育的な言葉のチョイスですね。

それでは、どんな言葉をどのように教えていけばよいでしょうか。

次に、中学入試でよく出題されている言葉の一例を挙げてみます。

〈ことわざ・故事成語〉

のれんに腕押し・医者の不養生《ふようじょう》・急がば回れ・石の上にも三年・焼け石に水・河童の川流れ・他山の石・背水の陣・出藍《しゅつらん》の誉《ほま》れ・五十歩百歩

〈慣用句〉

足が出る・頭が下がる・舌を巻く・手に余る・歯に衣《きぬ》着せぬ・腹を割る・目がない・さじを投げる・水に流す・青菜に塩・取り付く島もない

〈やまと言葉〉

いぶかしい・おくゆかしい・おびただしい・晴れがましい・はにかむ・こわばる・おもむろに・にわかに・腹いせ・負い目

〈四字熟語〉

一日千秋《いちじつせんしゅう》・三寒四温・前代未聞・右往左往・半信半疑・絶体絶命・異口同音・付和雷同・言語道断・有名無実・自画自賛・以心伝心

〈小学校で習う字を使った難しい熟語〉

形相《ぎょうそう》・風情・重宝《ちょうほう》・早晩・破竹《はちく》・寒心・善処《ぜんしょ》・慣例・劇薬・基幹《きかん》・会心

〈説明文・論説文によく出てくる言葉〉

画期《かっき》的・享受《きょうじゅ》・自我・自意識・倫理・資本主義・コスト・グローバル・ジェンダー・アイデンティティー

「ことわざ」は小学生にも親しみやすく、楽しく覚えられるようです。**ところが、「慣用句」「やまと言葉」を苦手とする受験生がたくさんいます。**これらはよく出題されますので、中学受験をしようと考えているご家庭であれば、しっかり身につけておくとよいでしょう。

●意識的に使っていこう

特に「心情」に関するものは重要です。たとえば、慣用句なら「胸がすく」「気がとがめる」「肩の荷が下りる」「涙をのむ」「根に持つ」など。やまと言葉では、「いましめる」「たしなめる」など、普段は使わないけれど、文学作品には出てくるような言葉です。

「四字熟語」も得手不得手の差が出やすいです。「一石二鳥」やポケモンでおなじみの「電光石火」

などは耳にしたことがあっても、「十人十色」「起死回生《きしかいせい》」「公平無私」となると怪しくなるでしょう。

「小学校で習う漢字を使った難しい熟語」とは、たとえば「会心」。とてもよく出ます。その他、「形相《ぎょうそう》」「一矢《いっし》を報いる」「平生《へいぜい》」など、いろいろとあります。

「落陽のシカを高める」（慶應中等部）「シンシュの気性に富む」（聖光学院）などの超難問が出題されたこともあります。（答えは順に「紙価」「進取」）。さすがにこのレベルの語句は頻出ではありませんが、**易しい漢字を使ったなじみのない言葉は入試に出やすい傾向があります。**

それでは、以上のような言葉をどんな場面で使ってみせればよいかを考えてみましょう。

●子どもの話を「別の表現」で言い換える

たとえば、子どもが、

「今日は給食の牛乳をこぼしちゃうし、雨にぬれちゃうし、いやなことばっかり」

とぼやいていたら、

「あらまあ、**踏んだり蹴ったり**。そういうのを**泣きっ面に蜂**って言うんだよ。明日はきっといいことがあるよ」

などと受け答えるのです。自分の体験を表す言葉ですから、「踏んだり蹴ったり」も「泣きっ面に蜂」も印象に残るでしょう。ついでに「そうそう、**弱り目にたたり目**とも言うんだよ」と教えてもいいですね。

子「班のきまりを作ったけれど、だれも守っていないんだよ」
親「せっかく作った決まりが、**有名無実に**なっちゃったね」

子「学芸会のとき、Aさんが代表であいさつすることになったんだ」
親「代表に選ばれたということは、みんなから**一目置かれて**いるんだね」

子「今日、二重跳びが10回連続でできるようになったよ」
親「がんばっているね。着々と**腕を上げている**じゃない」
子「やってて楽しいよ」
親「まさに**好きこそものの上手なれ**だね」

このように子どもの話を「そういうのを◯◯と言うんだよ」というように受け答えてみましょう。

○子どもと一緒に体験しながら、感じたことを言葉にする

子どもが五感を働かせて何かを感じているときも、言葉を習得するチャンスです。**実感を伴った言葉として身につくでしょう。**たとえば次のような場面です。

子「お母さん、今日のお肉すごくおいしいね」
親「あら、ブランド牛の味がわかるなんて、なかなか**舌が肥えている**じゃない」

子「たくさん歩いたから足が疲れた」
親「お母さんも**足が棒になった**わ」

子「もう4月になったのに、今日は寒いね」

親「**三寒四温**と言うからね。暖かい日が続いたと思ったら寒くなったりして、だんだん春になるんだよ。それにしても、**暑さ寒さも彼岸まで**と言うから、そろそろ寒さは和らいでいい頃だよね」

ちなみに、季節や自然に関する表現を苦手とする受験生はたくさんいます。

GWあたりに山や公園に出かけたなら、「風がさわやかでいい気持ち。まさに**風薫る五月**だね」などと言ってみてもいいですね。

アニメやニュースを観ながらコメントする

テレビ番組等の視聴には賛否両論ありますが、うまく利用すれば語彙力だけでなく、知識が増えたり、読解力アップの助けになったりします。

受験生の中には、「浮世離れ」している子もいます。物語の指導をしていて「アパートや団地ってどういうものですか?」「不良ってどんな人ですか?」というような質問を受けることもあります。

世の中で起きていることを知らなかったり、一般常識などがごっそり抜けていたりすることも意外とあります。

映像をだらだら観るのはもちろんよくありませんが、節度さえ守れば、メリットはいろいろとあります。楽しみながら、語彙や知識をインプットしたり、ものごとを考察する機会にしたりと、上手に活用しましょう。

低学年なら、アニメの登場人物のセリフから新しい言葉に出会うことが少なからずあります。我が家の次女は、小1の頃に「ドラゴンボール」から「御託《ごたく》を並べる」という言い回しを知ったようです。悪い言葉づかいが耳に入ってしまうこともありますが、「こういう言葉は使わないでね」と教えればよいでしょう。

できれば親も一緒に観ながら、

「これはあまりに**理不尽**だよ」

「こんな**配慮**ができる人は魅力的だね」

というように、少し難しい言葉を使ってコメントしてみましょう。こういう抽象的な言葉は、実例と一緒にインプットすることで理解が深まります。

ついでに、**人物の行動や心情について子どもと意見交換をすることもおすすめします。**

たとえば「あのシーンできつい言い方をしたのは、**愛情の裏返し**だね」とか「ああやって相手を受け入れれば、向こうも**心を許す**んだよ」など。

主題がわかりやすいものなら、

「仲間の大切さを描こうとしているんじゃないかな」

「テーマは友情だね」

などと話してみるのもいいですね。

ニュースやドキュメンタリーについて話題にする

ニュースやドキュメンタリーなども、積極的に活用したいものです。ジェンダーやSDGs、経済、環境などについてふれることができます。**少なくとも、社会を知るためのキーワードのようなものは「聞いたことがある」状態にはしたいものです。**

ニュースを聞きながら親がコメントしたり、補足したりしてあげましょう。

インフルエンザのニュースが流れていたら

「ウイルスと細菌の違いって知ってる？」

と問いかけてみたり、原油価格が話題になっていれば、

「日本は石油を輸入に頼っているんだよ。石油をたくさん産出する国はね……」

などと説明してあげるのです。

スポーツのニュースが流れてきたら、「すごいね」で終始せずに、

「大勢のアスリートが**血のにじむような努力**をして**しのぎを削っている**よ。大会に出られるのはほんの**ひと握り**の選手だから、本当に**過酷**な世界だね」

など、少し難しい言葉を交えながら感想を伝えましょう。

CHECK

普段から「難しい言葉」を交ぜて話してみよう

3章

押さえておきたいのはココ！

正しく読むための「5つのポイント」

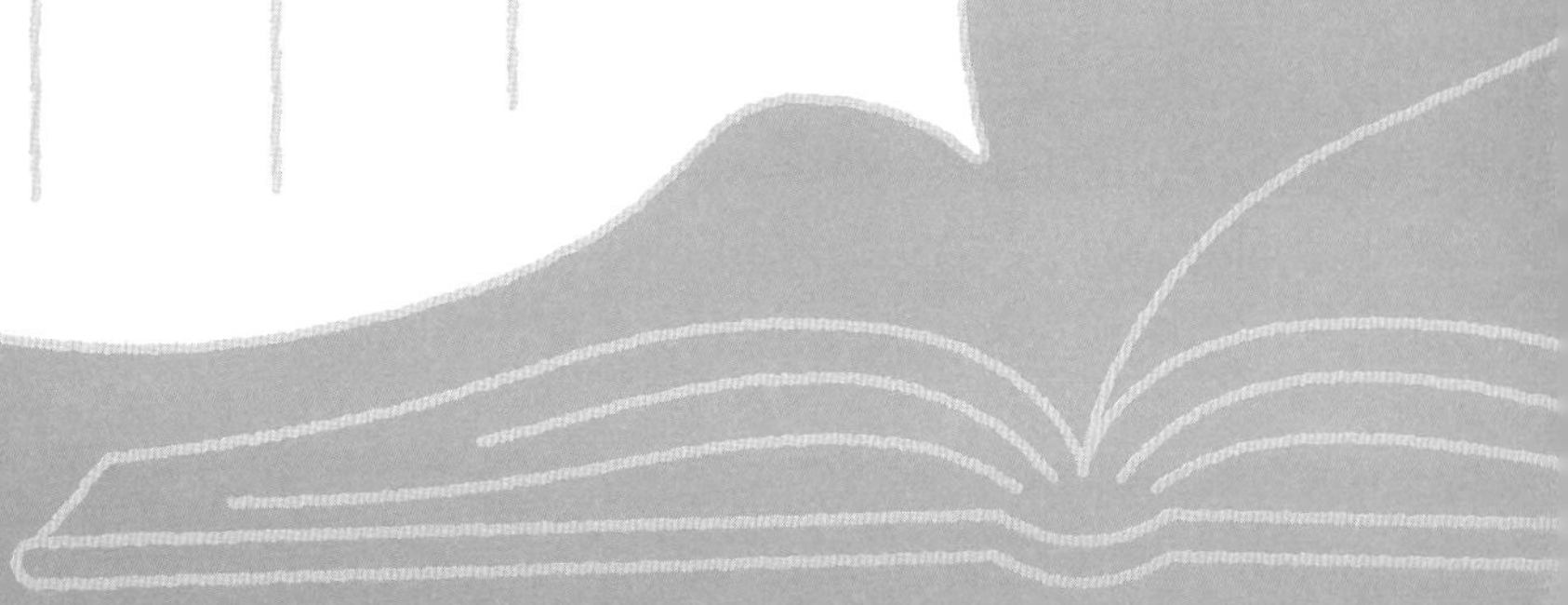

1 つまずきやすいポイントがあります

苦手な所をトレーニングしましょう

先の章では、本を読んで文章に慣れ親しんだり、親子の会話で語彙を増やしたりする方法を紹介しました。本章からいよいよ精読トレーニングを始めていきます。

文章を正しく理解する上で、注意したいポイントが5つあります。

① 「が・の・を・に」などの助詞を読み飛ばしていないか?
② 主語、述語の対応をつかんでいるか?
③ 前後の内容を関連づけながら整理しているか?
④ 語彙や一般常識があるか?
⑤ 主観で解釈していないか?

いずれも、お子さんがつまずきやすいポイントです。**それぞれチェック問題を用意したので解きながら、お子さんの力を確認してみましょう。**つまずくポイントがわかれば、重点的にトレーニングすべき箇所もわかります。では、早速始めましょう。

ポイント1 「助詞」を正確に使えるか？

「が・の・を・に」などの助詞は、ときとして文章の意味を左右する大事なものです。一つでも見落としてしまうと正確に内容を把握することができません。

たとえば、音読させると**助詞を飛ばして読んでしまう子がいます。**「ぼくが、太郎を誘った」と「ぼくを太郎が誘った」のように助詞で意味ががらりと変わります。

また、「覚えていられなくはない」というのを**「覚えられない」と読んでしまう**ようなことも普通に起こります。こんなところが、つまずきのきっかけになる場合があります。

【問題1】

次の（　）に入る言葉を後から選んで答えなさい。同じ言葉を何回使ってもかまいません。

①校庭の鉄棒（　）逆上がりの練習（　）した。
②庭には二羽（　）にわとり（　）いる。
③はなちゃんは、一緒に帰ろう（　）ゆうかちゃん（　）さそわれた。
④姉（　）私で、犬の散歩に行った。
⑤はるとくんは、スポーツだけでなく、勉強（　）得意だ。

【が・の・を・に・へ・と・で・も】

答え　①で・を　②の・が　③と・に　④と　⑤も

【問題2】

次の①〜④の質問に対する答えとして最もふさわしいものを後から1つ選んで答えなさい。ただし、同じ記号を2回以上答えてはいけません。

CHECK

助詞の「見逃し」「読み間違え」は誤読のもと。正確に把握しよう

① バニラアイスを食べたのはだれですか?
② あなたはアイスを食べましたか?
③ ゆいちゃんはアイスを食べたのでしょうか?
④ あやちゃんやりょうくんはアイスを食べたようですが、あなたは?

ア 私と食べました。
イ 私は食べました。
ウ 私も食べました。
エ 私が食べました。

答え ①エ ②イ ③ア ④ウ

ポイント2
「主語・述語」の対応は正確か？

長い文章も一つひとつの文の連なりです。一文を正確に読むことの積み重ねが長文読解です。一文の意味を理解するためには、当然、「語句の意味」がわかる必要があります。

では、語句さえわかれば文の意味がわかるでしょうか。そうではありません。**「文の組み立て」がわかる必要があります。**

子どもたちは、「主語（主部）」に当たるものをほとんど意識せずに読んでいます。「何（だれ）がどうする（何だ・どんなだ）」という文の骨組みをあまり気にしていないのです。

日本語は主語と述語が離れているし、主語が省かれている場合もあるので無理もありません。でも、だからこそ「今、何について述べているのか？」と確かめないと、話についていけなくなってしまいます。物語でも、誰の会話文なのか、誰がどうしたのか、曖昧なまま読み進めてしまいだんだんとわからなくなってしまうのです。

小学校でも主語・述語・修飾語について学びます。ただ、「犬がワンワンとほえる。（主語＝犬が、述語＝ほえる）」のような簡単な例文を使って、少し演習をするだけで終わってしまいます。

実際の文は、こんなに簡単なつくりをしていませんね。複雑なつくりをした文で「何が？」「だれが？」と聞くと、間違える子がたくさんいます。

主語・述語・修飾語の知識は、単なる文法のお勉強として終わらせてしまうのではなく、より複雑な文を読むときに活用できるように学習を継続しましょう。

【問題】

次の①～⑤の文の主語と述語をそれぞれ選び、記号で答えなさい。ない場合には×と答えなさい。

① **ア** ショーケースの／**イ** 中には／**ウ** いろいろな／**エ** ケーキが／**オ** ある。

② **ア** あなたこそ／**イ** 私たちの／**ウ** リーダーに／**エ** ふさわしい／**オ** 人だ。

③ **ア** 私が／**イ** 書いた／**ウ** 作文も／**エ** コンクールで／**オ** 入選した。

④ **ア** 魚を／**イ** 加工して／**ウ** かまぼこや／**エ** ちくわに／**オ** する。

⑤ **ア** お正月には／**イ** 家族と／**ウ** 一緒に／**エ** 初もうでに／**オ** 行く。

答え（主語・述語の順に）①エ・オ　②ア・オ　③ウ・オ　④×・オ　⑤×・オ

問題を解くときは、先に述語を、次にそれに対応する主語を探します。

①なら、「ある」が述語であることを確かめて「何があるの？」と考えさせてください。②・③のように「〜こそ」「〜も」が主語になることもあります。

④は「魚を」を答える子が多いですが、「〜を」は動作の対象となる言葉であり、主語ではありません。

⑤の「お正月には」を主語と答える子が多いです。確かに「お正月」について話をしていますが、「家族と一緒に行く」のは誰かを考えます。書かれていませんね。

CHECK

「何が（誰が）」「どうする（どんなだ）」を意識して読もう

ポイント3
「前後の内容」と関連づけて、読んでいるか？

物語でも説明文でも、前に読んだ内容をざっくり整理して頭の中に留めながら先を読み進めますね。そして、**今読んでいることがらを、前の内容と関連づけて理解します。国語の苦手な子はそれが十分にできていません。**そのため、最後まで読み終えても、結局何の話だったのかよくわからないのです。

国語のテストでは素材文のいろいろなところから答えを探して解きます。読むのが得意な子は「確かあの辺りに書いてあったはずだ」という記憶がしっかり残っているため、パッと答えを探せます。一方、苦手な子はどこに何が書いてあったのかが、もやもやしています。だから、答えを探せないのですね。

物語を読むときなどに、「花子って誰だったかな？」と思えば前に戻って「ああ、太郎のお姉さんか」と確かめるものです。この力がどの程度、身についているのかを調べましょう。

【問題】

次の文章を読んで、後の問いに答えなさい。

むかしラユーという首都《しゅと》に、兄弟三人《きょうだいさんにん》の医者《いしゃ》がいた。いちばん上《うえ》のリンパーは、普通《ふつう》の人《ひと》の医者《いしゃ》だった。その弟《おとうと》のリンプーは、馬《うま》や羊《ひつじ》の医者《いしゃ》だった。いちばん末《すえ》のリンポーは、草《くさ》だの木《き》だのの医者《いしゃ》だった。そして兄弟三人《きょうだいさんにん》は、町《まち》のいちばん南《みなみ》にあたる、黄《き》いろな崖《がけ》の※とっぱなへ、青《あお》い瓦《かわら》の病院《びょういん》を、三《みっ》つならべて建《た》てていて、てんでに白《しろ》や朱《しゅ》の旗《はた》を、風《かぜ》にぱたぱたいわせていた。

坂《さか》のふもとで見《み》ていると、漆《うるし》にかぶれた坊《ぼう》さんや、少《すこ》しびっこをひく馬《うま》や、萎《しお》れかかった牡丹《ぼたん》の鉢《はち》を、車《くるま》につけて引《ひ》く※園丁《えんてい》や、いんこを入《い》れた鳥籠《とりかご》や、次《つぎ》から次《つぎ》とのぼって行《い》って、さて坂上《さかうえ》に行《い》き着《つ》くと、病気《びょうき》の人《ひと》は、左《ひだり》の（　１　）先生《せんせい》へ、馬《うま》や羊《ひつじ》や鳥類《とりるい》は、中《なか》の（　２　）先生《せんせい》へ、草木《くさき》をもった人《ひと》たちは、右《みぎ》の（　３　）先生《せんせい》へ、三《みっ》つにわかれてはいるのだった。

（宮沢賢治「北守将軍と三人兄弟の医者」より）

※とっぱな＝突き出た端、一番先　※園丁＝庭師、植木屋

問（1）～（3）にあてはまる言葉をそれぞれ次から選び、記号で答えなさい。ただし、同じ記号を2回以上答えてはいけません。

ア リンポー／**イ** リンピー／**ウ** リンパー／**エ** リンプー

答え　1ウ　2エ　3ア

面倒がらずに、始めの部分に戻って確認できたでしょうか。「多分こうだったはず」と適当に答えてしまったお子さんには、「ちゃんと探せば正解できるよ」と教えてあげてください。

CHECK

あやふやなまま読み進めずに、適宜、内容を確認しながら読もう

ポイント4
語彙や一般常識は、不足していないか？

未知の言葉が出てきても、文脈から意味を推測して読み進められるものです。でも、未知の語句が多すぎると文章は理解できません。難しい論説文はもちろんですが、物語も注意が必要です。「目頭が熱くなる」「眉根を寄せる」などの慣用表現を知らないために、気持ちの読み取りで苦労する子もいます。

また、**「普通はこうだ」という常識を持ち合わせていないがゆえに内容をイメージできないこともありえます。** 例えば、「雑草の花」といえば、人に注目されることはないけれど、懸命に咲く健気なイメージが一般的ですね。そういう「お約束」のようなものを知らないと、「雑草の花のように」という表現の意味が理解できません。

優秀なお子さんでも「鳩って鳴きませんよね？」「ヒグラシって何ですか？」というような質問をしてくることがあります。「鳩」の鳴き声がほのぼのとした雰囲気、「ヒグラシ」の鳴き声がもの寂しさを演出していることも、当然ながら理解しようがありません。**こんな常識の欠落が読解に影響してしまうこともあるのです。**

【問題1】

次の（　）にあてはまる最もふさわしい言葉を後から選び、記号で答えなさい。ただし、同じ記号を2回以上答えてはいけません。

①朝が来た。よく晴れている。窓を開けると（　　　）の鳴き声がする。

②いやな予感がする。（　　　）の鳴き声に不安な気持ちが一層つのってきた。

③昼間の公園はぽかぽかと暖かい。のんびりした（　　　）の声を聞いているとなんだか眠くなるようだ。

④（　　　）の声を聞くと、春の訪れを実感する。

ア はと　**イ** うぐいす　**ウ** すずめ　**エ** からす

答え　①ウ　②エ　③ア　④イ

【問題2】

次の（1）・（2）に、お母さんの愛情を表すのにちょうどよい言葉を選び、記号で答えなさい。ただし、同じ記号を2回以上答えてはいけません。

午後から大雨になった。かさをさしていたけれど、家に着いたときにはびしょぬれだった。今日はお母さんは出かけている。ドアを開けると、玄関に（　1　）が置いてあった。そして、テーブルの上には「おかえり。雨で大変だったでしょう」というメモと一緒に、（　2　）が置かれていた。

ア 新聞紙／**イ** 何枚かのぞうきん／**ウ** ふわふわのタオル／**エ** コンビニのコロッケ／**オ** 一袋のポテトチップス／**カ** 手作りのシフォンケーキ／**キ** 焼き鳥

答え　1ウ　2カ

［問題1］「すずめの声」は、アニメやドラマなどでも、朝が来たことを表す効果音として使われていますね。「うぐいすの声」は都会ではあまり聞くことができないかもしれませんが「ホーホケキョ」と鳴くことは知っていると思います。**うぐいすは「春告鳥《はるつげどり》」と言われ、早春に鳴き始めることを教えておきましょう。**

［問題2］1はわかりやすいですが、2の食べ物については「自分の好み」が優先してしまうお子さんもいたかもしれません。「自分はポテトチップスの方が好き」「コンビニのコロッケもおいしいよ」などなど。しかし、この問題はあくまでも「約束事」のチェックです。最近はそうでもありませんが、少し前までは「手作りは母の愛」のようにとらえられていました。**そういう決まりごと、だれもが抱くイメージに合わせて著者は文章を書きます。**

CHECK

生活のなかで知識を得たら、意識的に蓄積していこう

こうした一般常識は、親や身の回りにいる大人たちの言葉を聞きながら自然と備わっていくものであり、一朝一夕で身につくものではないのも事実です。現実的な方法としては、文章を読んだり、問題を解いたりする中で、見知ったことを情報として蓄積していくことをお勧めします。

ポイント5

主観が入り、文章の内容をねじ曲げていないか?

文章にはすべてが書かれているわけではないので、書き手の言わんとすることは何なのかを考えながら読んでいきます。

小学生ですと、このとき自分の考えや感情などを中心に考えてしまいがちです。

だいぶ前の話ですが、4年生の授業で、「カオル」という人物を「カエル」と読み間違え、蛙を擬人化した話だと勘違いした子がクラスに複数人いたことがありました。

ちゃんと読めば人間が主人公だとわかるのですが、一度「カエル」だと思い込むとそれに合うように話を解釈してしまうのですね。こうした読み方をしないためにも、**文章を書き手の意図に沿って正しく読み取る力が必要になります。**

【問題】

次の文章を読んで、後の問いに答えなさい。


おかずやおやつとしてもおなじみのジャガイモとサツマイモ。どちらもイモですが食べているところが違います。

ジャガイモは、ナスやピーマン、トマトの仲間です。ナスとよく似た花が咲き、緑のプチトマトのような実をつけることがあります。そして、土の中にあるくきが太ってイモができます。

サツマイモは、アサガオやヒルガオの仲間です。アサガオに似た花が咲き、実ができます。そして、根にあたる部分が太ってイモができます。

わたしたちはジャガイモなら（　1　）を、サツマイモなら（　2　）を食べているのです。


問（1）・（2）にあてはまる言葉をそれぞれ文中から一語で探し、書きぬきなさい。

答え　1くき　2根

こうした問題を出題すると、「ジャガイモならフライドポテト、サツマイモなら大学いも」など、思いついたイモ料理を答えてしまう子がいます。素材文も設問文もスルーして主観だけで答えてしまう典型例です。他にも、1をトマト、2をアサガオと答えてしまう子もかなりいます。簡単な問いではありますが、3年生くらいだと正解者は多くありません。

学校の国語の授業では感想を発表し合うことが重視されますが、国語の試験では「あなたはどう思ったか」ではなく「文章にはどう書いてあったか」を**客観的にとらえることが求められます。**「もし自分が主人公の立場だったら……」と考えるのも読解力を問うテストでは御法度です。

主観を脇に置いて、**書かれていることを分析する読み方を身につける必要があります。**

CHECK

テストでは「感想」ではなく、文章を「正確に理解しているか」が問われる

4章

実践！ 精読トレーニング①

「一文」を正しく読む

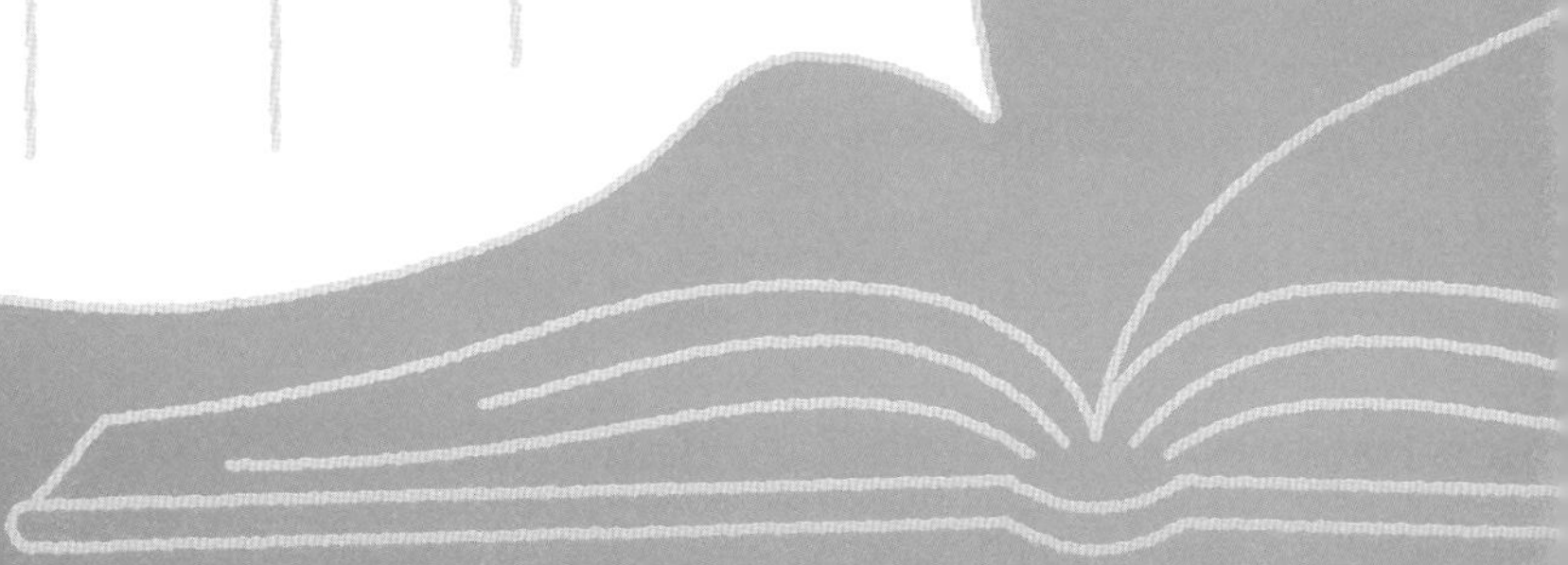

1 「一文」を正しく理解しましょう

この積み重ねで、長文を読めるようになる

いよいよ実践的な読み方、すなわち精読トレーニングを開始します。

文章の量が多いと、整理しきれずにモヤモヤの残る読み方になってしまいます。

まずは、一文を正しく理解するトレーニングをしていきましょう。

一つの文を理解してから、次の文を理解するというように積み重ねていけば、「途中からわからなくなる」ことなく、読み進められます。

一見遠回りのようですが、長い文章も速く正確に読めるようになっていきます。

CHECK

一文を正しく読み、理解する姿勢が「読解力」につながる

2 少し難しい文章をじっくり読む

最初は500字程度で十分

精読とは細かいところまで気を配って読む読み方のこと。**お気に入りの本を何度も何度も読み返しているとき、子どもは自ら精読をしています。このときの読み方を、国語の問題を解くときにも意識的にしてほしいのです。**

精読には、少し難しめの文章、すなわちお子さんが自分からはあまり読まないような文章を使います。たとえば、**物語ばかりを読んでいる子には説明文を**、**その反対なら物語文がよいでしょう。**分量は短めでかまいません。慣れるまでは本1ページ分くらい（500字程度）で十分です。素材文は、できれば子どもに1部、親の分も1部用意しておくといいでしょう。

具体的なやり方は6章で説明しますので、ここではおおまかな手順をご紹介しましょう。

文章をひととおり黙読させて、「どんなことが書いてあった？」と内容を確認できれば理想です。子どもがどの程度、大事なポイントを押さえて読んでいるのかを確かめられるからです。たとえポイントを外していたとしても、「そうそう。そういう内容も書いてあったね」と伝えましょう。

この手順を踏んでから、精読に入ると、子どもは注意深く読むようになります。

そこまで時間が取れないときは、**子どもに音読させて、随時、内容を確認しながら読み進めていきましょう。**

このとき最後まで一気に読ませるのではなく、ところどころで止めて、語句の意味を教えたり、主語に当たる言葉を探させたりして、内容の取りこぼしのないようにしていきます。

CHECK

一気にではなく、1、2行ずつ内容を確認しながら読んでいく

3 解説ではなく、「対話」をする

○精読するとき、3つのポイントを押さえて読む

精読する際のポイントはいくつかありますが、まずは次の①〜③を心がけて読みましょう。

①語句の意味を説明し、知識を補う
②言葉の係り受けを確かめる
・「主語に当たるもの」を探す
・修飾語がどこにかかっているかを調べる
③指示語の指示内容を確かめる

文章にもよりますが、④〜⑧もできそうであればやってみましょう。

④同義表現を確かめる
⑤原因や理由を確かめる
⑥要点と具体例を読み分ける
⑦人物の心情、性格のわかるところを確かめる（物語文の場合）
⑧間接表現を解釈する

子どもの音読を聞きながら、つっかえたり、イントネーションが違っていたりした語句があれば、意味を確認しましょう。また、この部分は難しそうだな、わかっているかどうか怪しいな、と思われることも拾い上げていきます。

たとえば、

「『大切です』と書いてあるけど何が大切だって言っている？」

「『温暖化』って何のことだかわかる？」

というように子どもに問いかけるのです。答えられなくても叱らないのがコツです。そんなときは「ちょっと難しいね。これはね……」と説明します。

親が一方的に解説をするのではなく、**対話をしながら進めていくのも大事なポイントです。**

私の塾でも、生徒に精読指導する際は、冗談や世間話も交えながら、たくさん対話をし、ときには大笑いしながら進めます。四角四面に進める必要はなく、ときには感想を言ったり、突っ込みを入れたりして、**気楽な雰囲気でやりましょう。**

重箱の隅をつつくような読み方をするのは、味気ない作業のように思えるかもしれませんが、逆です。「ああ、そういう意味なんだ！」と視界が開けるような瞬間が何度も訪れます。ただ漫然と読んでいただけでは気づかなかった発見をするのは楽しいものです。**精読レッスンは苦役ではなく、子どもに知的な満足感を与えるものでもあります。**では、早速トレーニングを始めましょう。

CHECK

「わかること」や発見が増え、読むことが楽しくなる

4 「主語・述語」を考えて読む

先に述語、次に主語を探す

「何がなんだ（どんなだ・どうする）」と言っているのかを確かめる練習をしましょう。

文法学習のように「主語」と「述語」を厳密に答えるのが目的ではありません。**「主語のまとまり」「述語のまとまり」をはっきりさせて、文の骨組みをつかむためです。**

述語はだいたい文の最後にくるので見つけるのは簡単です。先に確認しておきましょう。

次に、文をさかのぼりながら「何が？」を探していきます。

「主語」の概念が曖昧な子もいるので、「述語は『あった』だけど何があったの？」というように述語と絡めて探させます。

主語は「～が」「～は」だけではありません。「私もその本を読んだ。」「あなたこそ委員長にふさわしい。」なども主語になります。**一方、「～を」「～に」などは主語にならないので注意しましょう。**

親子でやってみよう①

原料を輸入にたよる鉄鋼業は、船での輸送が多いため、海に面した地域で発展している。

【問題】

傍線部「発展している」のは何ですか。五字以内で書きぬきなさい。

答え

子どもへの説明

海に面した地域で発展しているものを答えるんだね。

「船での輸送」かな？

「海での輸送が」の述語に当たるものは「多い」だよ。

「船での輸送が多いため」に「発展している」ものは何だろう？

「鉄鋼業」だね。

「鉄鋼業は海に面した地域で発展している。」というのがこの文の骨組みだよ。「船での輸送が多い」から、海に面している方が便利なんだね。

答え　鉄鋼業

◎「主語のまとまり」を意識して読もう

直感的に、「船での輸送」と答えてしまう子が少なからずいます。「船での輸送が多い」のであり、「発展している」のではありません。この文のように、**中心となる主語と述語の他にも、主語・述**

語の関係がある文だと誤読しがちです。

さて、この問いでは「主語は何ですか」という聞き方をしませんでした。口語文法のテストでは、「主語」「述語」「修飾語」を問われたら一文節で答えなければならないからです。そこにこだわってしまうと文の内容を理解する、という趣旨とは少しずれていってしまいます。

たとえば、「青いネクタイをした人が担任の先生だ。」の主語は「人は」で、述語は「先生だ」です。でも、**文章を読み取るときに「人は先生だ」だけとらえてもあまり意味がありませんね。**「誰が担任の先生なの？」と聞かれて「人だよ」と答えたら相手を怒らせてしまうでしょう。**当然「青いネクタイをした人」と答えるべきです。**

読解のテストも同じで、「担任の先生が誰かがわかる部分を書きぬきなさい」と問われたら「青いネクタイをした人」と答えます。

「主語は？」という問い方をすると「人は」と一文節で答えざるを得なくなり、単なる文法の学習になってしまいます。**「主語」「述語」等の概念を身につけたら、内容を理解する方向に活用していくことが大事です。**

CHECK

「文法の知識」は、内容を理解するために活用する

5 「修飾・被修飾」の関係を考えて読む

修飾語のまとまりごとに、区切りを入れて読もう

次に、修飾・被修飾の関係も含めた、「文の組み立て」を考える練習をしてみましょう。

「修飾する」とは「くわしく説明する」ということ。「小さな白い猫」なら「小さな」「白い」がそれぞれ「猫」を修飾しています。「猫」は修飾されているので被修飾語となります。

テストでは「『小さな』はどの言葉にかかりますか?」という問い方をすることが多いです。**修飾語は原則として後の言葉にかかることも知っておきましょう。**

また、修飾語がかかる言葉はひとつですが、被修飾語の方はそうではありません。先ほどの「猫」の例のように複数の言葉から修飾される場合もあります。長い文にはたくさんの修飾語が盛り込まれていて読みにくいですが、**修飾語のまとまりごとに区切りを入れるとわかりやすくなります。**

修飾語のまとまりを見極める力は、書きぬき問題や記述問題を答えるときにも役に立ちます。

親子でやってみよう②

① 調査船は海底近くを歩くよりゆっくり移動します。

② ごみを見つけると、吸い上げたり、ロボットアームのような器具でつかんだりして容器に収めます。

（2021年4月22日付朝日小学生新聞「プラごみ深海にもたくさん」より一部改変）

【問題1】

①の述語に——線を引き、主語を□で囲みなさい。

【問題2】

①の「海底近くを」はどの言葉にかかりますか。次から選び、それぞれ記号で答えなさい。

ア 調査船は　イ 歩くよりゆっくり　ウ 移動します

答え

子どもへの説明

〔問題1〕は文法の問題だね。先に述語を答えるのがコツだよ。
普通の文なら、最後の言葉が述語だから簡単に見つかるでしょう?
述語は「移動します」だね。
それじゃ、何が移動するのかな?
「調査船」だね。
文法の問題で「主語」を答えるときは
「〜は」「〜が」というところまで答えに入れるよ。
主語は「調査船は」だね。

〔問題2〕はどの言葉をくわしくしているかを考えよう。
文法用語では「修飾する」と言うよ。
普通の文なら、後に出てくる言葉を修飾するから、アは違うね。
「海底近くを」というのは場所だね。この場所でどうするの?
「歩く」のかな? 船は歩いていないよね。「移動」するんだよね。
だから答えはウになるよ。

それじゃあ、「歩くよりゆっくり」はどこを修飾するかわかる？
これもウになるよ。
どの言葉を修飾しているのか、書き込みながら確かめるのもいいんだよ。
コツは、述語から出発すること。「しっぽ」を先に捕まえる要領だね。

ア 調査船は　海底近くを　イ 歩くよりゆっくり　ウ 移動します。

答え　［問題1］主語＝調査船は　述語＝移動します
［問題2］ウ

CHECK

「述語（述部）」を確かめてから「主語（主部）」を探すとわかりやすい。
修飾される言葉は、修飾する言葉よりも後にある

6 主語が抜けている文を読む

文をさかのぼって、「何が？」を確かめよう

次に、日本語によく見られる「主語がない」文について「何が？」を考えてみましょう。

たとえば、

「うちの猫は甘えんぼうです。すぐに膝に乗ってきます。」

この二つ目の文には主語がありません。一つ目の文に「猫は」とあるので省略しているのです。

このレベルならいちいち確認しなくても「うちの猫」の話をしていることはわかります。でも、難しい文章になると「今、何について説明しているんだっけ？」とわからなくなってきます。わからないまま読み進めるとますますこんがらがっていきます。

一つ前の文、二つ前の文とさかのぼって「何が？」を確かめながら読めばいいのですが、そうやって読むものだということをそもそも知らない子がとても多いです。

省略されている主語を確かめるだけで文章の解像度はぐんと上がります。

親子でやってみよう③

①調査船は海底近くを歩くよりゆっくり移動します。
②ごみを見つけると、吸い上げたり、ロボットアームのような器具でつかんだりして容器に収めます。

（2021年4月22日付朝日小学生新聞「プラごみ深海にもたくさん」より一部改変）

【問題】
②の文に「〜は」という主語を補うとしたら、どうすればよいですか。「〜は」に続く形で、文中の言葉を書きぬきなさい。

答え

は

子どもへの説明

②の文には主語がないよ。
主語をわざわざ入れなくても意味が通じる場合は、省略するんだね。
「何」がごみを見つけて容器に収めているんだろう？
①の文の「調査船」だね。②の最初に「調査船は」を入れて通して読んでみようか。ばっちり意味が通じるね。

答え　**調査船（は）**

主語が抜けている文は、前の文から順にさかのぼって探します。ただし、「ビンをリサイクルしよう。」のような場合、「私たちは」「みなさん」「あなたは」などの主語が想定されるのが普通です。あえて主語は何かを答えさせる必要はありません。「一文を理解」といえども、例文のように、実際には前の文も参照しなければならないケースが多くあります。**「何（だれ）が」を探す練習をしていると、自ずと前の文とのつながりを意識できるようになります。**

CHECK

普段から、「何が（誰が）」を意識しながら読む

7 「指示語」の内容を確かめながら読む

探しやすい「公式」がある

指示語とは「これ」「そこ」などの、いわゆる「こそあど言葉」のこと。

文章が読み取れない一因として、指示語の指す内容をわかっていないことが挙げられます。

多くの子どもたちは、指示語が何を指すのかをいちいち確かめることなく文章をさらっと読んでいます。

「それを解決するのがこの方法だ。」という文が出てきたときに「それ」「この方法」が指す内容を取り違えると、文の内容がわからなくなってしまいます。

指示語についても、小学校で習いますが、やはり易しい例文による単元学習に終始しがち。文章を読むときに応用できるようにしたいものです。

それでは、どうやって指示語が指す内容を確かめればよいでしょうか。

その方法は、ほぼ「公式化」しています。**ほとんどの指示語は前の内容を指しています。**

次のような手順で、指示語の指示内容はほとんど見つけられます。


【指示内容を探す手順】

①指示語の後も読んでヒントを得る
②直前から、さかのぼって探す
③答えと指示語を入れ替えて読み通し、確認する

では、実際に問題を解いてみましょう。

親子でやってみよう④

カモは、秋に日本にやってきて冬を過ごし、春になると北の国へもどります。そこで子どもを産み、育てます。

〔問題〕

――線部「そこ」とはどこを指しますか。五字以内で書きぬきなさい。

答え

子どもへの説明

まず「そこ」の後ろを読むよ。「そこ」は「子どもを産み、育てる」場所だね。どこで子どもを産み、育てるのか、場所を表す言葉を探してみよう。

「北の国」と「日本」があるけれど、どっちかな？

普通は指示語に近い方が答えになるよ。「日本」は指示語から離れているし、「日本」では冬を過ごすのだから、違うね。

それじゃ、「北の国」で合っているかどうか、「そこ」の代わりにあてはめて確かめてみよう。「北の国で子どもを産み、育てます。」となるね。意味が通るから正解。

答え　北の国

子どもは「直前からさかのぼる」というのが得意ではありません。「直前に答えがあるよ」と説明しても、2、3行前から答えを探そうとしてしまいがちです。**慣れるまでは、指を使って逆向きになぞっていくといいでしょう。**

親子でやってみよう⑤

バターやチーズなど、生乳を加工して作った食品を「乳製品」という。ケーキなどスイーツに使われる生クリームも乳製品のひとつである。これは生乳の乳脂肪分を濃くしたものだ。

【問題】

――線部「これ」とは何を指しますか。一語で書きぬきなさい。

答え

子どもへの説明

「これ」の後を読んでみて。「生乳の乳脂肪分を濃くしたものだ」とあるよね。「何」が「生乳の乳脂肪分を濃くしたもの」なのかな？

「乳製品」かな？　バターやチーズも「乳製品」だけれど、両方とも「乳脂肪分を濃くしたもの」と言えるかな？　違うよね。

一つ前の文の主語は「生クリームも」だね。この代わりをしているのが「これは」なんだね。

だから答えは「生クリーム」のはず。「これ」の代わりに「生クリーム」を当てはめて読み返して、意味が通るかどうか確かめてごらん。

答え　生クリーム

「指示語の直前が答えだ」というテクニックだけで機械的に解いてしまう子は「乳製品」と答えてしまいます。解き方が公式化されているとはいえ、内容や文脈を無視しないことが大事です。

CHECK

探す手順を押さえて、文脈に合った言葉を探そう

8 「文と文のつながり」を理解しながら読む

筋道を立てて考える力を養おう

前の文と後ろの文がどんな関係でつながっているのか確かめたり、先の展開を予測したりするときに役立つのが「接続語」です。

接続語を意識的に使うと筋道立てて考える力、つまり論理力を養うことにもつながります。小学校では「つなぐ言葉」として、主に中学年でくわしく学習します。

口語文法では、接続語は次の7つにグループ分けされます。

①順接　だから・すると　など
②逆接　しかし・でも　など
③並立　また　など

④累加・添加　そして・しかも　など
⑤選択　または　など
⑥転換　ところで・では・さて　など
⑦説明　なぜなら・つまり・ただし　など
（教科書によっては、3と4を「並立・添加」として同じグループにまとめている）

国語の教科書の文章によく出てくるのは次の3つです。まずはこれらの働きと使い分けをマスターしましょう。

①「だから・それで・すると」＝順接（前の結果が後に続く）
②「しかし（でも）」＝逆接（前とは反対のことが続く）
③「そして（さらに）」＝累加・添加（前に付け加える）

では問題を解いてみましょう。

親子でやってみよう⑥

【問題】

次の各文の（　）に、「そして」「だから」「しかし」のいずれかを当てはめなさい。

ア　たくさん勉強した。（　　　　）、テストで満点を取った。

イ　たくさん勉強した。（　　　　）、テストの点数はよくなかった。

ウ　プールに着いた。（　　　　）、水着に着がえた。

ア

イ

ウ

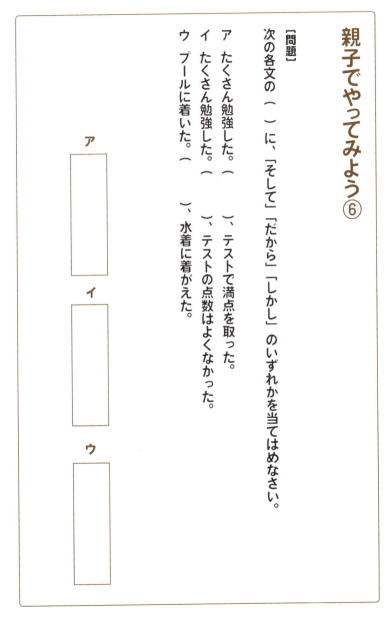

子どもへの説明

アは「たくさん勉強した」ことが理由で、その結果、満点を取ったということだね。理由と結果をつなげるのは「だから」だったね。

イは「たくさん勉強した」にもかかわらず、点数が良くなかったんだね。こんなはずじゃなかった、と頭を抱えていそうだね。前の内容とは食い違うことが後にくるときは逆接だね。

ウは、「プールに着いてその次に水着に着がえた」ということだね。順番に話をつないでいるよ。こういうときには「そして」を使うね。

答え　ア だから　イ しかし　ウ そして

なぜ、その接続語なのかを子どもに説明させるとよいでしょう。一方、接続語の使い方で文章のニュアンスが変わることがあります。それも教えておきましょう。文章を書くときにも役立ちます。

親子でやってみよう⑦

次の例文をア～ウの意味にするには、（　）にどんな接続語を入れるとよいですか。後から選んで答えなさい。

朝八時に家を出た。（　　　）、正午に目的地に到着した。

ア　せっかく早く家を出たのに、到着が遅くなった。

イ　朝八時に家を出たおかげで、早く到着できた。

ウ　その日の行動を、順番に従って報告している。

［接続語］そして　だから　しかし

答え

答え

答え

子どもへの説明

アは「家を出たのに」と書いてあるよ。
こんなはずじゃなかったと思っているんだね。
そういうときに使うのは？　逆接の「しかし」だね。
イは「おかげで」となっているね。
良い結果になったということだから、順接の「だから」がいいよね。
ウのように、次にやったことを順番につなぐときには「そして」だよ。

答え　ア しかし　イ だから　ウ そして

子どもが苦手な接続語とは？

テストでは、素材文中の空欄に接続語を当てはめる問題がよく出ます。
子どもたちが一番得意なのは「しかし」などの逆接をあてはめるもの。前後の内容が反対になっていることに気づきやすいようです。

一方、4年生くらいだと「たとえば」を入れるのに苦戦をする傾向があります。「具体例」という概念がまだよく理解できていないからです。「具体」と「抽象」の考え方を折に触れて教えてあげてください。

接続語を補充する問題の配点はそれほど高くないため、間違えても、まあいいかで見過ごされがちです。でも、これをよく間違える子は文章の流れがよくわかっていないということになります。**小学生はフィーリングでなんとなくフィットするものを選びがちですが、理詰めで答えを出せるようにトレーニングをする必要があります。**

CHECK

「なぜ、その接続詞を使うのか」を説明できるようにしよう

5章

実践！ 精読トレーニング②

「短い文章」を正しく読む

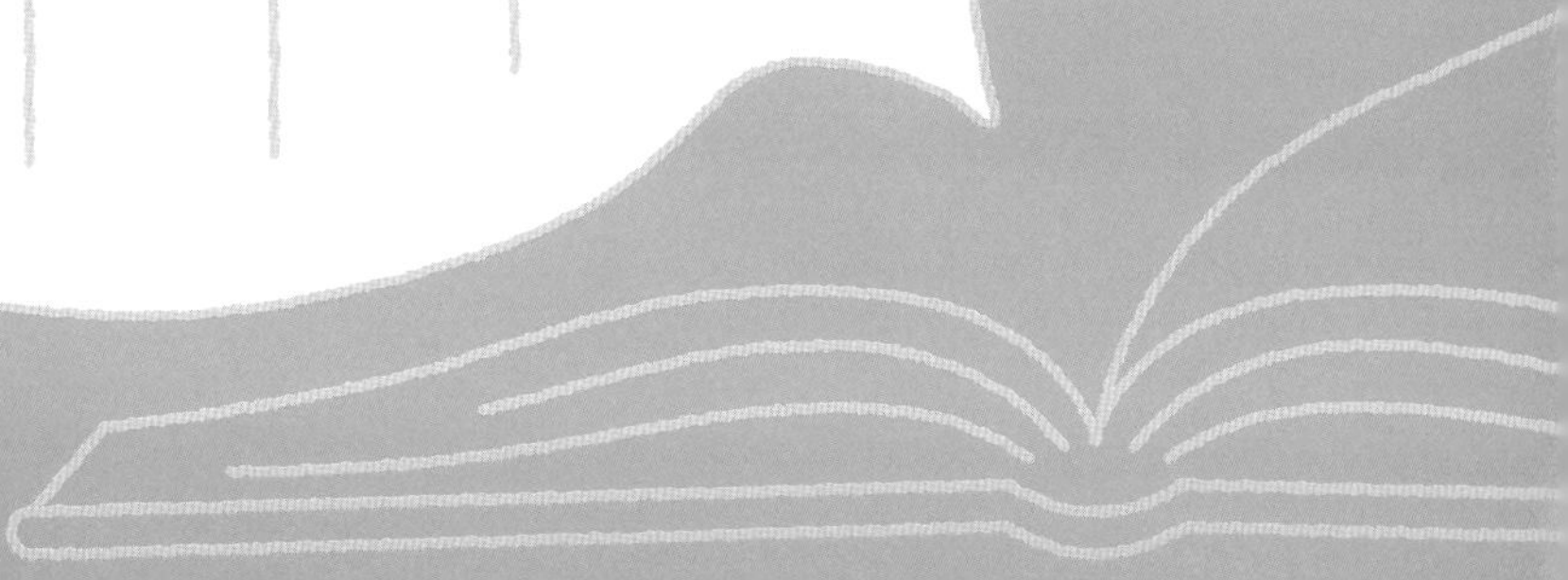

1 「短い文章」を正しく読みましょう

●3つのポイントがあります

4章では一つひとつの言葉をよく見て一文を理解すること、文と文のつながりをつかむことを中心にお話ししてきました。これらは基礎の基礎です。三、四文ぐらいのまとまりなら対応できるようになります。**もっと長い文章を読みこなせるようになるには、**次の段階に進む必要があります。**文章全体を俯瞰《ふかん》して「構造をとらえる力をつける」ということです。**

読むことが苦手な子どもたちは文字の海にあっぷあっぷしてしまい、全体を見渡すことができません。話の展開や論の筋道についていけず、どこに何が書かれていたか、何がポイントなのかもわからずにいます。こうした状況から脱却すべく、**本章では、「文章全体の構造」や「話の展開」を意識して読む方法について説明します。**ここでは、「3つのポイント」に分けて読み方のコツを説明していきます。

ポイント1 「段落」や「場面の内容」を理解する

子どもたちは、目の前の言葉をひたすら追いかけるような文章の読み方をしていて、話の切れ目などをほぼ意識していません。「要点（まとめ）」と「具体例」の違いも気にせずに漫然と読んでいます。

話題の切れ目を意識して、「ここまでは○○の話をしているな」と考えながら読めるようにしましょう。どんなに長い文章でも、こうしたブロックの連なりです。段落（ここでは「意味段落」のことです）や場面ごとの内容が理解できれば、文章の展開もつかめます。**文章を「話のまとまり」ごとに理解し、それを組み立てて「全体を把握する」というイメージです。**

それでは、どのようにして文章を区切っていくかを見ていきます。

①「要点」と「具体例」を読み分ける

具体例の直前と直後（どちらか一方の場合もあるし、両方の場合もあります）に要点が示されることが多いです。サンドイッチの具が具体例、パンが要点というイメージです。具体例が出てきたら、（　）でくくるなどすると、要点が浮かび上がってきます。読み分けの方法については、後でくわしく説明しますので、ここでは一例を挙げておきます。

水が蒸発するときにはまわりから熱を奪います。たとえば、プールから出ていつまでもぬれたままでいると、体から熱が奪われて寒くなってきます。また、夏の暑い日に打ち水をすると水が蒸発するときに地面の熱が奪われるので涼しくなります。
このように水が蒸発するときに奪っていく熱のことを「水の気化熱」といいます。

この文章では「たとえば」で始まる段落で二つの例を挙げています。ここを（　）に入れてしまいましょう。**最初の一文と最後の一文は要点になる**ことが一目でわかります。要点には【　】をつけてみましょう。ここでは要点を太字で示します。

【水が蒸発するときにはまわりから熱を奪います。】（＝要点）

（たとえば、例①プールから出ていつまでもぬれたままでいると、体から熱が奪われて寒くなってきます。また、例②夏の暑い日に打ち水をすると水が蒸発するときに地面の熱が奪われるので涼しくなります。）

【このように水が蒸発するときに奪っていく熱のことを「水の気化熱」といいます。】（＝要点）

②話の「切れ目」を意識する

「さて」「ところで」などの接続語で**話題を転換するところに、切れ目を入れるとよいでしょう。**

そして、「ここから話題が変わるみたいだけれど、何の話が始まるのかな」と考えながら読みます。

また、「まず」「次に」「さらに」など、**ことがらを順に並べる表現にも印をつけておきましょう。**

これだけでも、視覚的に文章の構成がとらえやすくなります。


こうした接続語の目印がなくても、何回も出てくる言葉に注目することで、話の変わり目がつかめます。今まで繰り返し出てきた言葉がほとんど出てこなくなり、別の言葉が頻繁に出てくるようになったら、別の話に変わったといえます。

筆者は伝えたいことを何度も繰り返します。**何度も出てくる言葉はいわばキーワードです。**全く同じ表現でなくても、「眠ることは大事だ」「睡眠は絶対に必要だ」「しっかり寝るべきだ」など、同じ意味のことを別の言い回しで繰り返すのが普通です。**言い換えているだけなのか、別のことを言っているのかを考えながら読むようにしましょう。**

> 私たちの体には、たくさんの水分が含まれています。子どもは体重の約70%、大人は60〜65%くらいが水分でできています。
>
> 水は体温を調節したり、体に必要な栄養を運んだり、いらない物質を体の外に出したりと、生きていくために欠かせない働きをしています。そのため、水が不足すると体の調子が悪くなります。
>
> それでは、1日にどのくらいの水分をとればよいのでしょうか。

最初の段落では、人間の体に多くの水分が含まれている話をしています。次の段落の話題は体内の水の働きです。最後の一文では、「それでは」という転換の接続語を使って「必要な水の量」という話題を持ち出しています。話の切れ目に印を入れ、先ほどやったように具体例に（　）、要点に【　】をつけると、文の構造をつかみやすくなります。

【私たちの体には、たくさんの水分が含まれています。】（＝要点）（子どもは体重の約70％、大人は60～65％くらいが水分でできています。）

水は（体温を調節したり、体に必要な栄養を運んだり、いらない物質を体の外に出したりと、）**【生きていくために欠かせない働きをしています。】（＝要点）**そのため、水が不足すると体の調子が悪くなります。

それでは、1日にどのくらいの水分をとればよいのでしょうか。

③「文章の展開」を意識する

典型的な説明文や論説文は次のような構成となっています。これは4年生くらいに学校の授業でも習います。

①はじめ＝話題提示
②なか＝具体的でくわしい説明
③おわり＝まとめ・結論

厳密にこの3つに分けることが目的ではありません。テストの素材文がこの構成になっていないこともしばしばです。でも、**この観点を持っていると読み取るべきポイントがよくわかるようになります。**また、小論文型の作文を書くときにも役立ちます。

「はじめ（話題提示）」とは、これから何について話すかを示す部分。「歯磨きはなぜしなければいけないのでしょうか？」のように問いかけの文で示すことが多いです。そして、この「答え」を短く述べた部分が「まとめ・結論」となります。

「歯磨きはなぜしなければいけないのでしょうか？　虫歯や歯周病を防ぐ必要があるからです。」のように、話題を示した後にすぐ答えを示す場合もあります。

「なか（具体的でくわしい説明）」は具体例を挙げるなどしてくわしい説明をする部分。「歯磨きの必要性」を訴える文章であれば「虫歯や歯周病の恐ろしさ」「歯を失うことで生じる不利益」などを説明することになります。

「おわり（まとめ・結論）」は最終段落であることが多いです。ただし、結論を述べた後、最後の段落でおまけの情報を付け足したり感想を述べたりすることもあります。あくまでも話題に対する答えになっているところが「結論」だと覚えておきましょう。

CHECK
話の「切れ目」を意識して、意味段落ごとに内容をつかむ

ポイント2
要約しながら読んでいこう

文の構成を考えて読むためには、段落の内容をざっくりとつかむ、要約力が求められます。
まずは次のことを意識しましょう。

①「何がどうだ（何だ・どうする）」といっているのか、骨格をはっきりさせる
②くわしい説明や具体例は含めない

たとえば、「大豆には肉と同じように、人間の筋肉や内臓を作るのに必要なたんぱく質がたくさ

んふくまれています。」という文が出てきたとします。これを「大豆にはたんぱく質がたくさんふくまれている。」と要約して、続きを読み進めるのです。では、実際に問題を解いてみましょう。

【問題】

次の文章を読んで、後の問いに答えなさい。

――①みなさんは、野菜を残さずに食べていますか。野菜は体にいいといわれますね。どんな栄養があるのでしょうか。

――②まず、野菜にふくまれるビタミンには、栄養をエネルギーに変える手伝いをする働きがあります。ごはんやパンにはエネルギーのもとになる栄養がふくまれますが、野菜も一緒に食べると、エネルギーに変えやすくなるのです。

――③また、野菜には、体を作る材料になったり、体の調子を整えたりするミネラルがふくまれます。たとえば、ほうれん草にはカリウムやカルシウムというミネラルがふくまれています。カリウムは、とりすぎた塩分を体の外に出してくれます。カルシウムは歯や骨をじょうぶにします。

④ さらに、野菜にふくまれる食物せんいは、お腹の調子を整えたり、食べ過ぎを防いだりします。大根やごぼう、ブロッコリー、オクラなどにたくさんふくまれます。

⑤ このように、野菜には体によい働きをする栄養がふくまれています。健康のためにも野菜をきちんと食べるように心がけましょう。

問1 この文章の話題を「〜について」の形で、①段落の言葉を使って10字以内で答えなさい。

問2

②〜④段落をそれぞれ要約します。次の□に当てはまる言葉を文中の言葉を使って20字以上30字以内で答えなさい。ただし、栄養の名前と働きがわかるようにまとめること。

（ヒント　どんな栄養が、どんな働きをしているかをまとめます。）

②段落　野菜にふくまれる□。

③段落　野菜にふくまれる□。

④段落　野菜にふくまれる□。

問3　この文章の結論を次のようにまとめます。ア・イにあてはまる言葉をそれぞれ指定された字数で書きぬきなさい。

野菜には［ア　20字以内］いるので、
［イ　7字］ようにしたい。

答え
問1　野菜の栄養について
問2　②段落＝ビタミンは、栄養をエネルギーに変える手伝いをする
③段落＝ミネラルは、体を作る材料になったり、体の調子を整えたりする
④段落＝食物せんいは、お腹の調子を整えたり食べ過ぎを防いだりする
問3　ア　体によい働きをする栄養がふくまれて
イ　きちんと食べる

①段落では野菜の話をした後に「どんな栄養があるのでしょうか」と問いかける形で話題を示しています。ここが「はじめ」に当たる部分です。

具体的な栄養の例として、②段落でビタミン、③段落でミネラル、④段落で食物せんいを挙げています。この3つの段落が「なか」です。

⑤段落は「このように」という「まとめ言葉」で始まっています。**「おわり」に当たる段落は「このように」「こうして」などのまとめ言葉で始まることが多いです。**「健康のために野菜をきちんと食べよう」という結論を述べています。

CHECK

「何がどうだ（どうする）」という骨格をつかむ

ポイント3

「まとめ」と「具体例」を読み分けるコツ

具体例が示されるときには「たとえば」が使われることが多いです。例文を挙げてみましょう。

①まわりの色に体の色を似せて目立たなくして身を守る生き物がいます。
②たとえば、草むらに暮らすバッタは緑色をしています。
③また、木にいるカブトムシは茶色です。
④これらの生き物は周囲の色にとけこむことで、敵から見つからないようにしているのです。

①の「生き物」の例として②で「バッタ」、③で「カブトムシ」の例を挙げています。④では①と同じような内容をもう一度くりかえしてまとめています。**①と④が要点です。**

具体例の部分に（　）をつけると、視覚的にも要点が浮かび上がってきます。

中学年くらいですと、「具体」の概念がまだあやふやで、「具体例はどれかな？」と尋ねてもきょとんとしていることがあります。小学校でも「上位語」「下位語」を習いますね。くわしくてわかりやすい下位語の方が「具体的」であることを教えるとよいでしょう。

テストでは「要点」が必ず問われます。要点がつかめれば国語のテストにも強くなります。

親子でやってみよう①

①
3Rは、ごみの量や資源を使う量を減らす「リデュース」、くり返し使う「リユース」、ごみを資源として再利用する「リサイクル」をさします。

②
リデュースは、例えば買い物にはマイバッグを持っていき、レジ袋はもらわない。家ですぐ食べるなら、スプーンやフォークはもらわない。使い捨てのものはなるべく買わない。こうした行動もごみを減らすことになります。

③
リユースは、つめかえができる商品を選んだり、フリーマーケットで買い物をしたりすること。リサイクルは、ごみを出すときに紙、プラスチック、缶、ビンなどに分別し、資源として再利用することです。行動をさらに細かく分けて4R、5Rとする場合もあります。

④
今は、便利な商品やサービスがたくさんあります。でも、大量に使い大量に捨てていると、いつか資源がなくなるだけでなく、ごみを捨てる場所もなくなってしまうかもしれません。

（朝日小学生新聞2024年5月30日付「3Rの行動でごみを減らそう」より一部改変）

【問題】

①～④段落の内容としてふさわしいものを次から選び、それぞれ記号で答えなさい

ア　３Ｒの中でもリデュースが大切であることを主張している。
イ　リユース、リサイクルの例を挙げている。
ウ　３Ｒの意味を説明している。
エ　大量に使い、大量に捨てることで起きる問題を述べている。
オ　リデュースの具体例を挙げている。

①

②

③

④

子どもへの説明

まずは最後まで音読してみよう。
そうしたら、①段落から順にまとめていこうね。
①段落では、「3R」とは何か、この意味を説明しているね。
②段落では、リデュースの例を挙げているよ。
使い捨てをしないことが大事なんだね。
③段落では、リユースとリサイクルの例を挙げているね。
おまけの情報として4R、5Rという分け方を付け足しているね。
④段落には、3Rについて書かれていないよ。
でも、大量に使い、捨てることで将来困ったことが起きることを述べて、
3Rが大事な取り組みであることを伝えているんだね。

答え　①ウ　②オ　③イ　④エ

ちなみに、この文章の構成は「基本型」です。
①＝「話題提示」、②・③＝「具体的な説明」、④＝「まとめ」です。
文章全体の組み立てを図にすると次のようになります。

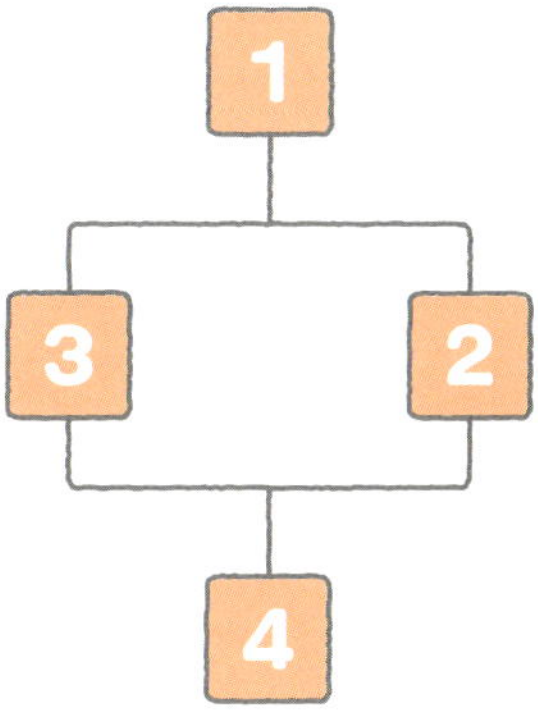

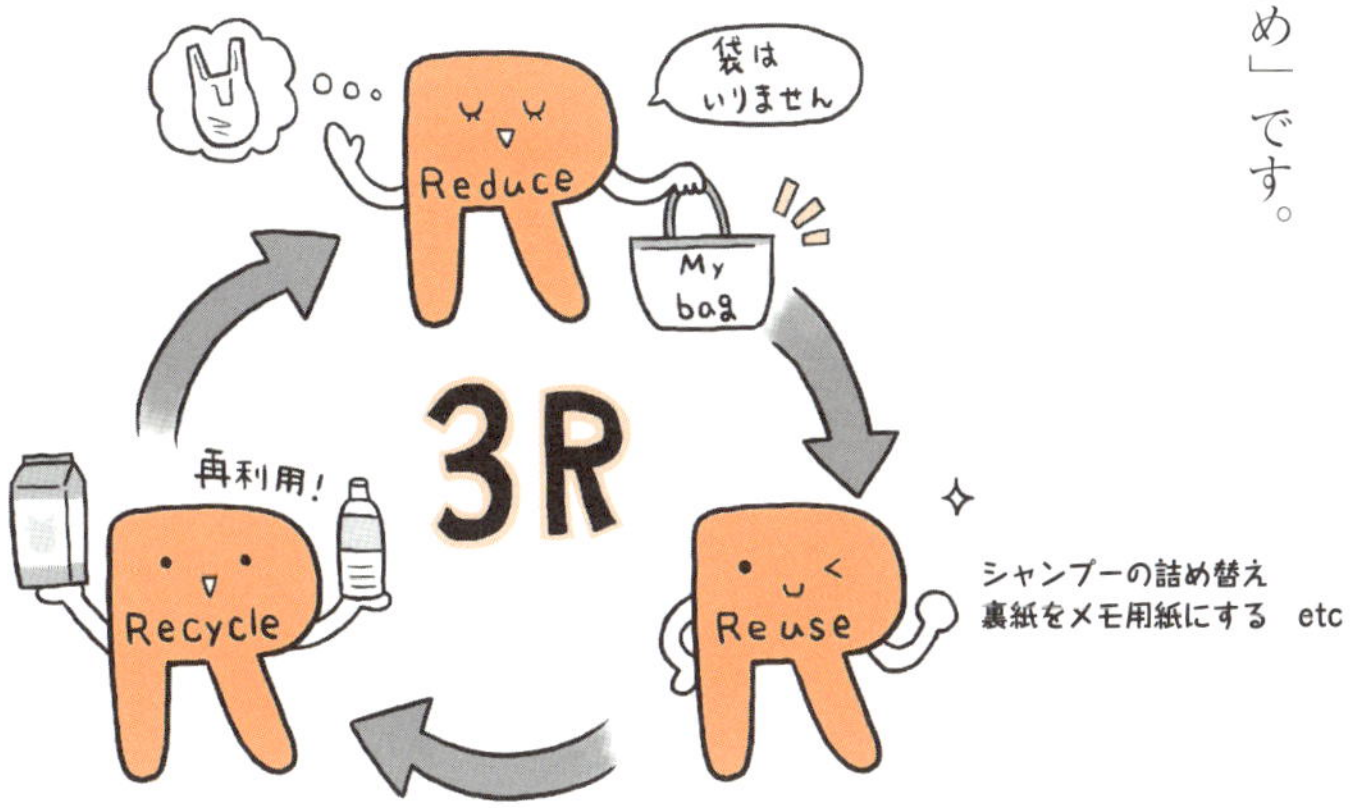

親子でやってみよう②

①

世界中で愛されているスイカ、最もよく食べられているのは中国で、世界のスイカの60%が中国で生産されています。熱中症に効果があると、漢方薬としても好まれているそうです。

②

生産量でいうと、日本は30位くらいですが、世界初の発明があります。種なしスイカです。1940年代に、芽に薬を使って遺伝子情報に変化を与えて、種のないスイカを作ることに成功しました。90年代には弱いエックス線を当てた花粉を受粉する方法が開発され、実用化されています。

③

種なしスイカは日本よりも海外で人気があります。暑い国では水分補給のためジュースにして飲むことも多いためかもしれません。

④

スイカの食べ方も、国によりいろいろあり、韓国では、ひと口サイズに切ってサイダーをかけるのが一般的です。酢につけたり、レモン汁やチリソースをかける国もあります。いろいろな味わいを試してみるのも楽しいですね。

（2022年7月28日付朝日小学生新聞「天声こども語」より一部改変）

【問題】

①～④の段落の内容としてふさわしいものを次から選び、記号で答えなさい。

ア　国によって異なるスイカの食べ方を紹介している。
イ　「スイカ」という話題を示している。
ウ　前の段落に続けて種なしスイカの説明をしている。
エ　日本における種なしスイカの発明とその方法を紹介している。
オ　スイカについての筆者の考えをまとめている。

①	②	③	④

子どもへの説明

最後まで通して音読してみよう。スイカの話だったね。
①段落で「話題」を示しているね。
②段落では、日本で種なしスイカを「発明した話」をしているよ。
③段落も「種なしスイカの話」だね。
④段落は「スイカの食べ方」を紹介していておもしろいね。
これは「結論」というわけではないよ。

答え　①イ　②エ　③ウ　④ア

②、③段落が「種なしスイカ」の話をしているので一つの意味段落にまとめられます。大きく三つに分けられますが、最終段落が結論になっているとはいえません。「いろいろな味わいを試してみるのも楽しい」ことを主張しているわけではないですね。

「最後が結論」と短絡的に考えがちなのですが、必ずしもそうではないことを念頭に置いておきましょう。

次に、物語の場面分けについても少しふれておきましょう。**物語は、「いつ（時）」「どこで（場所）」「誰が（登場人物）」「どうした（出来事）」が大きく変わるところで場面分けをします。**

最近の中学入試では、場面分けをさせる問題はあまり出題されていません。とはいえ、「いつ、どこで、だれが、何をしているのか」という基本的な情報を確かめながら読む必要があります。ここをおろそかにするとだんだん話についていけなくなります。それがわかったうえで人物の心情や性格などを読み取ることが、物語の精読の要になります。

物語は、「序破急」や「起承転結」というように、「背景や事の起こり」→「山場」→「しめくくり」の流れで構成されるのが一般的です。

「はじめ」と「おわり」で人物がどう変化したかを読み取らせる問題がよく出題されます。「はじめの状況や心情」、「変化のきっかけとなる出来事」、「変化した後の心情」を順に確かめるテストがとても多いです。

説明文、物語文ともに、全体の構成を俯瞰できるレベルに到達すれば、テストにも強くなります。作問する先生方は文章の全体像に添って、要旨や主題に迫るように問題を展開していくからです。

全体の流れを念頭に置きながら選択肢を検討すれば正解が見えてきますし、記述答案に何を書けばよいかもわかるようになってきます。

次の章では、少し長めの文章を用いて文章を正しく読むトレーニングをしていきましょう。

CHECK

どれが「具体例」「要点」なのかを意識しながら読もう

6章

実践！　精読トレーニング③

「長文」を正しく読む

1 子どもと対話しながら、読んでみましょう

○ある程度読んだら、内容を確かめる

一文の理解、文と文のつながり、短い文章の読み取りと基本を学んだら、いよいよ長い文章の読み取りレッスンをしましょう。子どもの理解度や集中力に合わせて、次のような方法で進めてください。

まずは、子どもに音読をさせます。ある程度読んだら止めて、そこまでの内容を確かめます。読み進めては止まって前の部分を確かめ、さらに先を読んでこれまでの内容を確認して……とスイッチバックするように少しずつ進めていきます。

○こんな観点で問いかけてみよう

まずは「何について書いてあった？」「気になった言葉はある？」などと話しかけてみましょう。

精読するときの流れ

1 子どもが音読する → 2 問いかけをする → 3 アドバイスや対話をして、内容を確認する

こんな観点で問いかける

観点	例
文の組み立て 主語、述語がわかっているか？	「○○○の主語は何かな？」
語句の意味 言葉の意味がわかっているか？	「『漁獲』の意味はわかる？」
指示語 指し示す言葉がわかっているか？	「『これ』は何を指しているかな？」
内容 登場人物の「心情」や、お話の「因果関係」がわかっているか？	「○○さんの気持ちがわかる言葉を探してみて」
要約 文章の内容を「簡潔に」言えるか？	「この段落では何を伝えようとしているかな？」 「この文章は何について書いていたかな？」

「うーん」と答えに詰まるようなら無理に問い詰めず、主語、述語や言葉の意味を尋ねてみます。答えやすい質問を組み合わせながら、段落ごとに正しく理解できるようにサポートしてあげましょう。

質問するときの主なポイントは、次の通りです。

・**文の組み立て**……主語、述語がわかっているか？
・**語句の意味**……言葉の意味がわかっているか？
・**指示語**……指し示す言葉がわかっているか？
・**内容**……登場人物の「心情」や「できごと」がわかっているか？
・**要約**……文章の内容を簡潔に言えるか？

お子さんの理解度に応じて、まずは答えやすいものから質問していくとよいでしょう。**親が一方的に教えるのではなく、問いかけをして子どもに考えさせる、という「対話の形」にするのがコツ。**口頭で答えさせるだけでもいいですが、書かせれば記述力も鍛えられます。

時間はかかりますが、量をこなすのが目的ではありません。急がず、子どもがしっかり理解できるように進めていきましょう。はじめのうちは20分くらいで切り上げてもかまいません。

少々難しい文章を選んでみる

なお素材文は子どもの実力より少し高めのものがよいでしょう。低学年なら中学年向けの本にチャレンジできるといいですね。入試では未知のことがらについて述べた文章を読む力が必要だからです。頭を働かせなくてもすんなり理解できる本はお楽しみの読書として子どもに任せます。

低・中学年の精読トレーニングには、**説明文なら子ども新聞や子ども向けの読み物、物語なら高学年向けの本や古い児童文学がお薦めです。**少し欲張って、詩と鑑賞なども取り入れてみてください。

では、実際に読んでいきましょう。本章では、初級、中級、上級（中学受験レベル）と、文章の難易度別に紹介していきます。ぜひ、チャレンジしてみてください。

CHECK

少し難しい文章をもとに質問を投げかけ、子どもがじっくり考え、答えを出すまで待ってみる

初級編

実際の文章を読みながら精読していきましょう。
精読する手順は次の通りです。

① 精読したい文章を子どもに音読させる
② 子どもに「問いかけ」をする
③ 子どもの答えを聞いて、「アドバイスや対話」をする

これを繰り返していきます。一度にたくさん音読させるのではなく、**慣れるまでは一文か二文ずつ読むのがおすすめです。**とくに内容が難しい場合は、子どもの理解度に合わせて読む範囲を調節してください。

さて初級編では説明文と物語文を読んでいきます。「例題1」は説明文です。総字数155字の短い文章ですが、子どもにとっては少し読みづらいでしょう。②の文が長いこと、数値が出てくる

こと、指示語が出てくることで整理が難しくなるからです。では、読んでいきましょう。

説明文

［例題1］

①コンブは北の冷たい海で育ちます。②天然のコンブが漁獲されるのは北海道や東北地方ですが、農林水産省の統計（2017年）によると、全国で漁獲された約4万5500トンのうち、9割以上を北海道がしめています。③これとは別に、コンブは養殖もされています。④全国で約3万2千トン収穫されていますが、こちらも7割が北海道産です。

（2019年12月3日付　朝日小学生新聞「コンブ温暖化でピンチ？」より一部改変）

音読

［例題1］①～②段落を音読して、問いに答えよう！

文の構成

問いかけ1

①の「育ちます」の主語は何かな?

答え&アドバイス

「コンブは」だね。
コンブは漢字で「昆布」って書くよ。
ダシをとったり、おでんの具にしたり、
酢昆布なんかもあるね。

ワンポイント

昆布といえば、平成18年度の灘中の入試問題で、長田弘の「言葉のダシのとりかた」という詩が扱われ、「弱火にかけて沸騰寸前にサッと掬いとる」ものは何かを問う問題が出たことがあります。(答えは「昆布」です。)いろいろなことを知っていると国語では有利になります。精読しながら親の持っている知識を補って教えてあげるとよいでしょう。

文の構成

問いかけ2

②の文は長いから2つに分けた方がわかりやすいよ。どこで分けられるかな？

答え&アドバイス

「天然のコンブが漁獲されるのは北海道や東北地方です」で1つの文にできるね。後半の「農林水産省の統計（2017年）によると」をカッコに入れてしまおう。そこを飛ばして読むとわかりやすくなるよ。

ワンポイント

複数の文が合わさっている長い一文は、分けたり、枝葉を落としたりして整理します。このテクニックがあると難文を理解しやすくなります。

問いかけ3

語句の意味

「漁獲」ってどういう意味だと思う？

答え＆アドバイス

語句の意味

「水産物をとること」「とった水産物」という意味だね。
魚だけではなく、
コンブのような海草についても
「漁獲」と言うんだね。

問いかけ4

②の後半、「9割以上を北海道がしめている」ってどういうことかな？

答え＆アドバイス

「9割」というのは、10に分けたうちの9ということだね。「しめている」は「占めている」と書くよ。「独り占め」の「占め」と同じだね。意味を辞書で調べてみよう。「全体の中である割合をもつ」とあるよ。

文の構成

問いかけ5

何の9割以上が北海道なんだろう？

答え&アドバイス

「全国で漁獲された天然のコンブ」だね。
その9割以上が北海道のものだということだよ。
「約4万5500トン」の9割は何トンくらいかな。
計算してみようか。

ワンポイント

算数の「割合」でつまずく子がいるようです。ついでに「9割」や「90%」という概念を教えてしまうと一石二鳥です。

音読

【例題1】③～④段落を音読してから次の問いかけに進もう!

問いかけ6

指示語

③「これとは別に」の「これ」って何を指しているかな?
6字で探してごらん。

答え&アドバイス

「天然のコンブ」だね。

問いかけ7

指示語

④「こちらも7割が北海道産です」の「こちら」は何を指しているかな？
文中の言葉を使って6字で答えてごらん。

答え&アドバイス

「養殖のコンブ」だね。

天然も養殖も、北海道のものがとても多いね。
北海道産の養殖コンブが何トンくらいあるか、
計算してみよう。

要約

問いかけ8

この段落では簡単に言えば、どんなことを伝えようとしているかな。できるだけ短く答えてみよう。

答え&アドバイス

「**コンブは北の冷たい海で育ち、北海道産のものが多くをしめる。**」などでどうかな。

要約するときは、具体的な数字などは省略するよ。

ここでは、「語句の意味」「文の組み立て」「指示語の内容」の3つのポイントを押さえる例を挙げました。段落の内容が理解できたら簡単に要約します。要約しながら先を読み進めると全体の流れがつかめます。このように、一段落ずつ丁寧に読んでいき、**最後に全体の内容を短く言えるように訓練する**ことで、次第に自分一人でも、ていねいに読んでいけるようになります。

物語文

【例題2】

①ある村の真ん中に、大きな川が流れていました。②その川はたいへん流れが強くて速くて、昔から代々、村の人が何度橋をかけても、すぐ流されてしまいます。③村の人たちも困りきって、都で名だかい大工の名人を呼《よ》んで来て、こんどこそけっして流れない、丈夫な橋をかけてもらうことにしました。

④大工はせっかく見込まれて頼まれたので、うんといって引き受けてはみたものの、いよいよその場へ来てみて、さすがの名人も、あっといって驚きました。⑤ひっきりなし、川の水はくるくる目の回るような速さで、渦をまいて、ふくれ上がり、ものすごい音を立ててわき返っていました。

⑥「このおそろしい流れの上に、どうして橋がかけられよう。」

⑦大工は、こう独り言をいいながら、ただあきれて途方にくれて、川の水をぼんやりながめていました。

（楠山正雄『鬼六』より）※各文に番号を振っています。

音読

［例題2］①〜③段落を音読してから答えよう

指示語

問いかけ1

「その川」とは何を指すかな。
①の文の言葉を使ってくわしく答えてみよう。

答え&アドバイス

「ある村の真ん中に流れている大きな川」だね。
真ん中に大きな川があると、
村が二つに分かれてしまうから
橋がないとすごく困るよ。

問いかけ2

心情説明

③に村の人の気持ちを表す言葉が出てくるから探してごらん。
どうしてその気持ちになっているのか考えてみて。

答え&アドバイス

「困りきって」とあるね。
昔から何度橋をかけても流されてしまうから
とても困っているんだね。

音読

［例題2］④〜⑦段落を音読して次の問いかけに進もう！

因果関係

問いかけ3

④の文に「引き受けてはみた」とあるけれど、「引き受けた」とどう違う？
「とりあえず引き受けた」という感じがするね。
では、なぜ大工は引き受けたのかな？
本文の言葉を使って答えよう。

答え＆アドバイス

「せっかく見込まれて頼まれたので」と書いてあるね。
誰から見込まれたのかも付け足してみよう。
「村の人たちから見込まれて頼まれたから。」だね。

さらに、大工はどう思ったのかも考えてみよう。
「見込まれて」というのは
「期待されて、信頼されて」というような意味だから、
「期待に応えたかった」のではないかな。

ワンポイント

「因果関係」とは、「原因（理由）」と「結果」の関係のことです。「Aの結果Bになった」「Bの原因はAである」という関係を考える練習をします。

問いかけ4

心情説明

④に「驚きました」とあるけれど、なぜ驚いたのかな？
思った通りのことが起きても驚かないよね。短く答えてみて。

答え&アドバイス

「川の水の流れが思ったよりも強くて速かったから。」だね。
川の様子は⑤にくわしく書かれているけれど、
これをそのまま答えたら答えが長くなってしまうね。
②の文で「強くて速くて」と
まとめているから、それを使おう。

言い換え

問いかけ5

⑤で描かれているような川の流れを、
大工は何と言っているかな？
7字でさがしてごらん。

答え&アドバイス

「おそろしい流れ」だね。

問いかけ6

語句の意味

⑥「どうして橋をかけられよう」というのは、どういう意味？

答え&アドバイス

「橋をかけることなどできない」という意味だよ。
ここでの「どうして」は、「なぜ」や
「どうすればいいかな」という意味ではないよ。
はじめから答えが「いいえ」に
決まっているときの言い方だよ。

心情説明

問いかけ7

⑦の文から、大工の気持ちがわかる言葉を探してごらん。

答え&アドバイス

「あきれて」「途方にくれて」という心情語があるね。

「あきれる」には「あっけにとられる、驚く」という意味があるよ。

「途方にくれる」は、「手段や方法がなく、どうしてよいかわからなくなる」という意味。これらの他に「ぼんやりと」という様子を表す言葉があるね。

これは、「元気がなく集中していない様子」を表すよ。

ワンポイント

登場人物の心情は、直接表現されているものと、間接的に表現されているものとがあります。まずは、「気持ちを表す言葉（心情語）」に気づくこと、その気持ちの背景となるできごとやことがらを探したり考えたりします。

語句の意味は、説明しにくければ「一緒に調べてみよう」と辞書を引くとよいでしょう。

以上のようなやり取りをしながら、より精密に理解することを目指すとともに、知識の裾野を広げていきましょう。

感想や余談、冗談などもはさみつつ、対話を楽しむつもりで行うのがコツです。

中級編

初級編はいかがでしたか。**語句の意味や、指示語の内容を一つひとつていねいに確認していくことで、ことがらや人物の心情を汲み取りやすくなったのではないでしょうか。**

さて、中級編の説明文も「朝日小学生新聞」の記事です。文章量は初級編の約2・5倍になりますが、内容は小学生でもわかりやすい身近なもの。

「ネコは知るマタタビのすごい効果」というタイトルです。初見で読んでも、イメージしやすいテーマかもしれません。

また、物語文は新美南吉の『飴だま』です。文章量は多いですが、平易な言葉で書かれています。意外な展開に、どのお子さんも楽しんで読めると思います。

では、実際に精読を始めましょう。

説明文

【例題3】

①ネコはなぜマタタビという植物のにおいをかぐと、ゴロゴロと転がるのか――。1このなぞを専門家が明らかにしました。転がる前にマタタビをなめたり、かんだりしますが、2その理由もつきとめました。蚊にさされにくくするための生まれつきの行動なのだそうです。

②マタタビは山地などに生えている、つる性の植物です。マタタビはネコの大好物だとされていて、「3ネコにマタタビ」ということわざは大好きなもののたとえです。

③ネコはマタタビのにおいをかぐと、ゴロゴロします。この「マタタビ反応」のしくみについて去年、岩手大学農学部教授の宮崎雅雄《みやざきまさお》さんや大学院生の上野山怜子《うえのやまれいこ》さんたちが明らかにしました。

④宮崎さんたちによると、ネコは一般的にマタタビを見つけると、なめる、かむ、顔や体をこすりつける、地面をゴロゴロと転がる、といった行動をとります。4この行動は「マタタビおどり」とも呼ばれ、5ネコがうっとりして喜んでいると考えられてきました。江戸時代の書物や浮世絵にかかれていて、このころにはよく知られていたそうです。

（2022年7月5日付　朝日小学生新聞「ネコは知るマタタビのすごい効果」より一部改変）

音読

【例題3】①段落を音読して次の問いかけに答えよう！

指示語

Q 問いかけ1

傍線1「このなぞ」とは何を指すかな。
本文の言葉を使って「〜なぞ」と答えてみよう。

A 答え＆アドバイス

すぐ前の文をできるだけそのまま使うと
「ネコがマタタビのにおいをかぐとゴロゴロと転がるなぞ」
となるね。言葉の順序を入れ替えて
「マタタビのにおいをかいだネコがゴロゴロと転がるなぞ」
としてもいいよ。

指示語

問いかけ2

傍線2「その理由」が指す内容を確かめてみよう。
2のすぐ前の言葉を使うといいよ。

答え&アドバイス

「転がる前にマタタビをなめたり、かんだりします」を改造しよう。
「ネコが」という主語を補うよ。
「ネコが転がる前にマタタビをなめたり、かんだりする理由」とすればいいね。
ところで、「その理由も」と書いてあるから、
理由を2つつきとめたことになるよ。
じゃあ、1つ目は何だっけ?
「ネコがマタタビのにおいをかぐとゴロゴロ転がる理由」
だったね。

問いかけ3

語句知識

傍線3「ネコにマタタビ」ということわざが出てきたね。どんな意味か当ててみて。
他にも「ネコ」を使ったことわざや慣用句があるよ。
どんな意味か言えるかな？

①窮鼠《きゅうそ》猫を噛む
②猫の額
③猫をかぶる
④猫にかつおぶし

答え&アドバイス

①は「弱い者も追いつめられると強い者に反撃することがある」という意味。
「窮鼠」は追い詰められたネズミだよ。
②は「場所が狭いこと」を指すよ。
③は「本性を隠しておとなしいふりをする」という意味。
また、猫のそばに好物の鰹節を置くと食べてしまうよね。ここから、④は「油断できないこと、危険であることのたとえ」だよ。

他にも
「猫の手も借りたい」

「猫も杓子《しゃくし》も」

などいろいろあるよ。

猫が身近な動物だから、いろんな言葉ができたんだね。

音読

【例題3】③〜④段落を音読しよう！

問いかけ4

指示語

傍線4ネコの「どんな行動」が「マタタビおどり」と呼ばれていたのかな。「マタタビを見つけたネコの、〜」に続く形で本文の言葉を書きぬいてみよう。

答え&アドバイス

「（マタタビを見つけたネコの、）なめる、かむ、顔や体をこすりつける、地面をゴロゴロと転がる、といった行動」だね。

問いかけ5

因果関係

傍線5「ネコがうっとりして喜んでいると考えられてきた」けれど、実際はネコは何のためにマタタビおどりをするのかな。前の方に書いてあるから探してごらん。

答え&アドバイス

「蚊にさされにくくするため」だね。マタタビには蚊がきらいな成分がふくまれているのかな。続きが気になるね。

ざっと読んでもおおまかな内容はつかめますが、指示語の内容を正確に答えるのは簡単ではなかったと思います。

問いかけ4では、「書きぬいて」という指示をしていますが、3、4年生だと読点の打ち方を間違えたり、漢字をひらがなにしてしまったりと意外と正確に書けません。細かいところまでとりこぼしのないように読む、そして書き写せるという力が受験では必要になります。

物語文

【例題4】

春のあたたかい日のこと、わたし舟にふたりの小さな子どもをつれた女の旅人が[1]のりました。

舟が出ようとすると、

「おオい、ちょっとまってくれ。」

と、[2]どての向こうから手をふりながら、さむらいがひとり走ってきて、舟にとびこみました。

舟は出ました。

さむらいは舟のまん中にどっかりすわっていました。ぽかぽかあたたかいので、そのうちにいねむりをはじめました。

黒いひげをはやして、つよそうなさむらいが、こっくりこっくりするので、子どもたちはおかしくて、[3]ふふふと笑いました。

お母さんは口に指をあてて、

[4]「だまっておいで。」

といいました。さむらいがおこってはたいへんだからです。

子どもたちはだまりました。

しばらくするとひとりの子どもが、

「かあちゃん、飴だまちょうだい。」

と手をさしだしました。

すると、もうひとりの子どもも、

「かあちゃん、あたしにも。」

といいました。

お母さんはふところから、紙のふくろをとりだしました。ところが、飴だまはもう一つしかありませんでした。

「あたしにちょうだい。」

「あたしにちょうだい。」

ふたりの子どもは、りょうほうからせがみました。飴だまは一つしかないので、お母さんはこまってしまいました。

「いい子たちだから待っておいで、向こうへついたら買ってあげるからね。」

といってきかせても、子どもたちは、ちょうだいよオ、ちょうだいよオ、とだだをこねました。

いねむりをしていたはずのさむらいは、ぱっちり眼をあけて、子どもたちがせがむのをみていました。

お母さんはおどろきました。いねむりをじゃまされたので、このおさむらいはおこっているのにちがいない、と思いました。「[6]おとなしくしておいで。」

と、お母さんは子どもたちをなだめました。

けれど子どもたちはききませんでした。

するとさむらいが、すらりと刀をぬいて、お母さんと子どもたちのまえにやってきました。

お母さんは[7]まっさおになって、子どもたちをかばいました。いねむりのじゃまをした子どもたちを、さむらいがきりころすと思ったのです。

「飴だまを出せ。」

とさむらいはいいました。

お母さんはおそるおそる飴だまをさしだしました。

さむらいはそれを舟のへりにのせ、刀でぱちんと二つにわりました。

そして、

「そおれ。」

とふたりの子どもにわけてやりました。

それから、またもとのところにかえって、こっくりこっくりねむりはじめました。

（新美南吉『飴だま』より）

音読

【例題4】1〜7行目を音読してから、問いかけに挑戦しよう！

文の構成

問いかけ1

傍線1「のりました」とあるけれど、だれが舟に乗ったの？
二十字以内で探して印をつけてみて。

答え&アドバイス

「ふたりの小さな子どもをつれた女の旅人」だね。
小さな子どもを連れていると、
子どもがお行儀よくしていられるかどうか
お母さんは気をつかいそうだね。

語句知識

問いかけ2

傍線2「どて」を漢字で書いてごらん。それから、「さむらいが舟にとびこみました」ってどういうことかな。ジャンプをして舟に飛び乗ったのかな。それだと舟がひっくり返っちゃうね。

答え＆アドバイス

「土手」だね。
川岸などに土を積み上げてつくった堤《つつみ》のことだよ。
さむらいは土手を走ってきて
大急ぎで舟に乗り込んだんだね。

音読

［例題4］8～13行目を音読してから、問いかけに挑戦しよう！

心情説明

問いかけ3

傍線3「ふふふと笑っている」のはだれ？
なぜ笑っているのかな。本文の言葉を使って説明してみて。

答え&アドバイス

笑っているのは「子どもたち」だね。

理由は、傍線3のすぐ前に書いてあるよ。

「黒いひげをはやして、つよそうなさむらいが、こっくりこっくりと居眠りをする姿がおかしかったから。」

と答えられるよ。いかつい見た目と、やっていることのギャップがおもしろかったんだね。

ちなみに、こんなふうに居眠りをすることを「舟をこぐ」なんて言うよ。

理由説明

問いかけ4

傍線4お母さんが子どもたちに「だまっておいで。」と言ったのはどうして？
本文から20字以内で探して印をつけてごらん。

答え＆アドバイス

すぐ後に「さむらいがおこってはたいへんだから」と書いてあるね。
さむらいを怒らせるとどんな目にあわされるかわからないからお母さんは心配になっているんだね。

音読

【例題4】14～29行目を音読してから、問いかけに挑戦しよう！

語句知識

問いかけ5

傍線5「ふところ」ってどこだと思う?
ア 着物の胸のあたりの内側の部分
イ 着物のそでの袋になっている部分
ウ 着物と帯の間にはさまれた部分
さて、どれでしょう。

答え&アドバイス

「ア」だよ。 イは「袂《たもと》」と言うよ。
ふところにはお財布もしまっていたから、お金をあまり持っていない状態を「懐《ふところ》が寒い」なんて言ったりもするんだよ。

音読

【例題4】30行目〜最後を音読してから、問いかけに挑戦しよう!

心情説明

問いかけ6

傍線6「おとなしくしておいで。」と言っているときのお母さんの気持ちを説明してみよう。

心情説明

答え＆アドバイス

傍線のひとつ前の文に書いてあるよ。

「子どもたちがさむらいのいねむりのじゃまをして怒らせてしまったと思い、何とか子どもたちを静かにさせようと必死になっている。」といえるね。

傍線4のときから、さむらいを怒らせることを恐れていたお母さん。

このときは、かなり恐怖感も増して緊張しているはずだよ。

問いかけ7

傍線7「まっさおになって」とありますが、
このときのお母さんの気持ちを
文中の言葉を使って説明してみよう。

答え＆アドバイス

傍線7のすぐ後に「いねむりのじゃまをした子どもたちを、
さむらいがきりころすと思った」と書いてあるね。
「おそろしくなっている」などの
「気持ちを表す言葉」を付け足してまとめるよ。
「いねむりのじゃまをした子どもたちをさむらいが
きり殺すと思い、恐ろしくなっている。」などと答えよう。
恐れていたことがとうとう起きてしまった、
と恐怖がピークに達しているね。
それでもとっさに子どもたちをかばうお母さんはさすがだね。

問いかけ8

心情説明

さむらいは飴を2つに割るために刀を抜いたんだね。このことがわかったときのお母さんはどんな気持ちだったと思う？いくつか言ってみて。

答え&アドバイス

斬り殺されなくて心の底から安心しているよね。それから、恐怖と緊張で張り詰めていた気持ちがゆるんで、がっくりと力が抜けたとも考えられるよ。

ワンポイント 恐れていたことや不安だったことから解放されたときの心情は記述問題によく出ます。「安心した」「うれしい」「晴れ晴れしている」などの言葉を使って答えます。

いかがでしたか。**この話のおもしろさは、この最後のどんでん返しにあります。ぜひ、お子さんと語り合ってみてください。**話の振り方の一例を紹介しておきます。

「読んでいる方も思わずほっとして笑ってしまうよね」

「この話の書き出しに『春のあたたかい日のこと』とあったから、実は、最初から『ほのぼのした話ですよ』ということを示していたんだよね。作者に一本取られた気がするなあ」

「それにしても、このさむらい、舟のへりに置いた飴を真っ二つに割るとは、なかなかの使い手だよね。子どもたちがだだをこねて収拾がつかなかったのをスパッと解決してまたすぐ眠ってしまうとか、大物感があって、ちょっとかっこいいね」

上級編・入試レベル

いよいよ上級編です。次に紹介するのは中学入試にも出題された説明文です。

問題も載せたので、自力で解けそうなお子さんはチャレンジしてみましょう。解いたあとに精読しながら答え合わせをしてみてください。親子で精読してから解いてもかまいません。

カタカナやアルファベット、4字以上の漢字から成る熟語など、読むのが苦手な子の心をへし折りそうな語句がたくさん入っていますが、植物愛にあふれた、おもしろい文章です。

「何について説明しているのかな?」「何がどうだ（何だ、どうする）と言っているのかな?」と問いかけながら整理していきましょう。具体例が出てきたら、「何を伝えるための具体例なんだろう?」と**要点を確かめるのも大事な読解テクニックです。**

説明文

【例題5】

次の文章を読んで、後の問いに答えなさい。文頭の番号は段落を表します。
なお、句読点や記号なども1字として数えます。

①　植物たちは、太陽の強い日差しが降りそそぐ中で暮らしています。特に、春から夏には、植物たちは太陽の強い紫外線《しがいせん》にさらされます。そんな中で、植物たちは、いのちを守って生きています。[1]多くの植物たちが、日焼けもせずに、すくすく成長し、美しくきれいな花を咲かせ、実やタネをつくります。

②　一方、私たちは、紫外線が有害であり、シミやシワ、白内障の原因になることを知っており、もっとひどい場合には、「皮膚《ひふ》ガンをひきおこす」のではと心配します。そのため、帽子《ぼうし》をかぶったり、日傘《ひがさ》をさしたり、サングラスをかけたりして、紫外線を避《さ》けます。

③　[2]紫外線は、私たち人間にも植物たちにも、同じように有害なのです。紫外線は、からだに当たると、「活性酸素」という物質を発生させます。この物質は、私たち人間には、

「老化を急速に進める」とか、「生活習慣病、老化、ガンの引き金になる」などといわれます。活性酸素とは、私たちのからだの老化を促《うなが》し、多くの病気の原因となる、きわめて有毒な物質なのです。

④ 私たち人間のからだには、紫外線が当たるからだけではなく、激しい呼吸やストレスでも活性酸素が発生します。植物たちにも、紫外線が当たると〝活性酸素〟は発生するのです。私たちと植物たちは、「からだに発生する活性酸素の害を、どのように逃《のが》れるのか」という同じ悩みをもって生きているのです。

⑤ 植物たちは、この悩みを自分で解決しています。自然の中で、紫外線に当たりながら生きていくために、からだの中で発生する「活性酸素」を消去する術を身につけているのです。そのために、植物たちがつくり出す物質が、[3]「抗酸化《こうさんか》物質」とよばれるものです。

⑥ 抗酸化物質の代表は、ビタミンCとビタミンEです。私たちはビタミンCやビタミンEを栄養として摂取《せっしゅ》する大切さを知っており、それらが植物たちのからだに含まれていることもよく認識しています。（　Ａ　）、それらを含んだ野菜や果物を積極的に食べます。

⑦ ビタミンCは、カキやイチゴ、レモンなどの果物に多く含まれています。ビタミンEは、アーモンド、ピーナッツ、カボチャなどの果実に多く含まれています。これら以外の多くの植物たちも、花や果実などに、ビタミンCやビタミンEを多かれ少なかれ含んでい

ます。

⑧「植物は、活性酸素への対策のためだけに、これらの物質をつくっているのか」と問われると、「そのためだけです」というわけではありません。ビタミンCやビタミンEは、植物が円滑《えんかつ》に成長していくためのさまざまな役割を担《にな》って、からだの中ではたらいています。しかし、そのようなはたらきの中でも、活性酸素を消し去るというのは、植物たちが動きまわらずに紫外線からからだを守るために[4]特に大切なことなのです。

⑨　植物たちは、自分のいのちを守るためだけでなく、生まれてくる新しいいのち（子孫）を、紫外線から守らなければなりません。植物たちのいのちは、私たち人間に比べると、取るに足らない小さなものと思われがちです。（　B　）、植物たちも同じ生き物です。だから、私たちと同じしくみで生き、同じ悩みをもち、その悩みを克服《こくふく》するために日々頑張っているのです。

⑩　植物たちは、ビタミンCやビタミンEのほかにも、紫外線の害を打ち消す抗酸化物質をもっています。それが花や果実に含まれている色素です。花や果実の色素は、抗酸化物質なのです。

（田中修『植物のいのち』中央公論新社より）※段落に番号を振っています。

設問

【接続語】

問1　（A）・（B）にあてはまる接続語として最もふさわしいものを次から選び、記号で答えなさい。

アそのうえ　　イしかし　　ウあるいは　　エですから

A
B

【因果関係】

問2　傍線1「多くの植物たちが、日焼けもせずに、すくすく成長し」とありますが、そのようなことが可能なのはなぜですか。その理由を示した最も適切な一文を探し、最初の五字を抜き出しなさい。（栄東中2022年A日程1月11日入試問題）

【因果関係】

問3　傍線2「紫外線は、私たち人間にも植物たちにも、同じように有害なのです」とありますが、この理由を二十字以内で答えなさい。（栄東中2022年A日程1月11日入試問題）

【指示語】

問4　傍線3「抗酸化物質」とありますが、この文章で挙げられている抗酸化物質を3つ書きぬきなさい。

【文の構成】

問5　傍線4「特に大切なこと」とはどんなことですか。文中の言葉を使って十字程度で答えなさい。

【細部の読み取り】

問6　次のア〜ウが本文の内容と合っていれば○、合っていなければ×を答えなさい。

ア　人間の体には、激しい呼吸やストレスによっても有害な活性酸素が発生する。

イ　ビタミンCやビタミンEは果実に多く含まれるが、花には含まれていない。

ウ　植物たちも人間と同じように頑張って生きているのだから、自然破壊をしてはいけない。

ア	イ	ウ

［答え］問1　Aエ　Bイ　問2　自然の中で　問3　（例）紫外線は有毒な活性酸素を発生させるから。
問4　ビタミンC・ビタミンE・色素　問5　（例）活性酸素を消し去ること。　問6　ア○　イ×　ウ×

音読

［例題5］①〜③段落を音読してから、問いかけに答えよう！

問いかけ1

よく出てきた言葉は？

答え＆アドバイス

「紫外線」だね。
紫外線が人間にも植物にも有害だという内容だったね。
ここまでで問3が解けるからやってみよう。
傍線3のすぐ後を使って短く答えると
「活性酸素を発生させるから。」という答えになるね。
でも、これでは活性酸素が体に悪いことが伝わらないから、
③段落の終わりの「有毒な」という言葉も加えて
まとめてみよう。

音読

【例題5】④〜⑤段落を音読してから、問いかけに答えよう！

問いかけ2

④段落には「人間も植物も活性酸素の害から逃れようとしていること」が書いてあるね。⑤段落には「植物の紫外線対策」が書いてあるから、ここから「問2の答え」を探してみよう。

答え＆アドバイス

「活性酸素」を消去する術を身につけている、と書いてあるところが、答えになるよ。「一文の最初の五字」を答える条件だから、文の頭を探して印をつけよう。

音読

【例題5】⑥〜⑦段落を音読してから、問いかけに答えよう！

問いかけ3

読みながら（　A　）に入る接続語をまずは自分で考えて入れてごらん。

答え＆アドバイス

私たちはビタミンCやビタミンEを摂取する大切さと、それが植物に含まれていることを知っているから、その結果、野菜や果物を食べるんだよね。

Aには「順接」の接続語が入るよ。

⑦段落ではビタミンCやビタミンEを多く含むものを具体的に挙げているね。

音読

【例題5】⑧段落を音読してから、問いかけに答えよう！

問いかけ4

ビタミンCやビタミンEはさまざまな役割を担っているけれども一番大切なことは何だと述べているかな。
問5をやってみよう。

答え＆アドバイス

これは、「文の組み立て」を見ればすぐにわかるよ。
傍線4から指でなぞりながら、さかのぼってみよう。
「活性酸素を消し去るというのは」が主部になっているね。
「どんなこと」と問われているから、
答えのおわりを「こと」にするよ。
「活性酸素を消し去ること。」と答えればいいね。

音読

［例題5］⑨段落を音読してから、問いかけに答えよう！

Q 問いかけ5

（　B　）を自分で考えてみてね。

A 答え&アドバイス

「植物たちのいのちは取るに足らない小さなものと思われがち」だけれども「植物たちも同じ生き物だ」と言っているね。「逆接」の「しかし」が入るよ。

音読

［例題5］⑩段落を音読してから、問いかけに答えよう！

Q 問いかけ6

「花や果実の色素」も抗酸化物質だと述べているね。これで問5が答えられるから、やってみよう。

答え＆アドバイス

本文で挙げられている抗酸化物質は「ビタミンC」「ビタミンE」「色素」だね。
テストの問題を解くときには、傍線部の近くを読み返すのが鉄則だけれど、この問題みたいに全体を読まないと答えられないものもあるから気をつけよう。

問いかけ7

問6をやってみよう。
記憶に頼ってフィーリングで解かないようにね。
一つひとつ本文に戻って本当に書いてあるかどうか探すことが大事だよ。

答え&アドバイス

アは④段落に書いてあるから○。

イは⑦段落を調べるとわかるよ。

「花や果実などに、ビタミンCやビタミンEを多かれ少なかれ含んでいます」と書いてあるから、間違っているね。

ウの前半は⑨段落などに書いてあるけれど、後半の自然破壊についてはふれていないよ。だから×。

植物が紫外線と戦いながらがんばって命を守っていることがよく伝わってくる文章だったね。ビタミンや色素が紫外線対策の役割を果たしていたというのもおもしろいね。

おわりに

今日は6年生最後の授業でした。

素材文と全然関係ないことを解答していた子、長文を読み通せずにため息をついていた子、問題が解けなくて空欄だらけだった子……。みんなしっかりと弱点を克服して立派な受験生として巣立っていきました。

授業を通して小学生とふれあう日々を過ごしながらいつも思うのは、彼らを子ども扱いしては失礼だということです。子どもだから難しい言葉は使わないようにしよう、理屈を教えてもわからないだろう、評論文など読めるわけがないだろう、などなど。

無理に背伸びをさせるのは論外ですが、子どもの能力、器の大きさは大人の見立てよりもずっと大きいと思っています。

彼、彼女たちはロジックが好きです。感覚ではなく論理的に文章を読むことを教えると、一生懸命理解しようとします。もやもやとした「感じる国語」から解放され、文章の解像度が上がると、「そういうことだったのか！」と目が輝きます。

私の塾に通われている方々から、「読解問題の答え方がわかるようになった」「本が好きになった」「国語がおもしろくなってきた」といった声をたくさんいただきます。何よりの励みとしてうれしく受け止めつつ、教室で実践している学習方法をもっといろんなお子さんに伝えたいという思いが膨らんでいきました。

「国語は感じ取る教科だからよくわからない」を解消し、文章が読める、わかる喜びを味わってもらえたら、というのがこの本に込めた一番大きな思いです。

お子さんの読む力を鍛えるヒントになればうれしいです。

2025年1月吉日

著者

〈著者紹介〉
南雲ゆりか（なぐも・ゆりか）

南雲国語教室主宰。東京生まれ。横浜国立大学教育学部卒。

四谷大塚進学教室で、10年間「桜蔭特別コース」の国語科の指導に当たり、女子最難関といわれる桜蔭中学校合格率8割をたたき出す。

その後、都内で南雲国語教室を立ち上げ、現在に至る。「正確に読む力をつけることが、国語力を伸ばす出発点であり、成績アップに直結する唯一無二の方法である」という考えに基づき、指導に当たっている。

入塾時、本を読む習慣がない、国語が苦手なお子さんでも、文章を正確に読む力をつけることで、国語がおもしろくなり、成績がぐんぐん伸びていくと評判になり、毎年新入生枠は募集開始後、数時間で満席となっている。

効果的な勉強法によって生徒の力を引き出し、確実に伸ばしていく指導力とともに、「中学受験は子どもが幸せになるためのもの」という信条と的確な入試分析に基づく親身な受験指導により、生徒・保護者から絶大な信頼を集めている。

朝日新聞 EduA「国語のチカラ」連載中。著書に『考える力がつく「国語」勉強法』（ダイヤモンド社）、監修に『名探偵コナンと楽しく学ぶ小学国語ドリル 読む力』（小学館）、『ちいかわ漢字ドリル』（講談社）などがある。

小学生のための 文章を正しく読む力を育てる本

2025年2月26日　第1刷発行

著　者——南雲ゆりか
発行者——徳留慶太郎
発行所——株式会社すばる舎
東京都豊島区東池袋3-9-7 東池袋織本ビル　〒170-0013
TEL　03-3981-8651（代表）　03-3981-0767（営業部）
FAX　03-3981-8638
https://www.subarusya.jp/
印　刷——株式会社シナノ

落丁・乱丁本はお取り替えいたします

ISBN978-4-7991-1225-0